名古屋経済大学叢書 第6巻

グローバル時代の消費者と政策

田口義明 編
Yoshiaki Taguchi

発行 民事法研究会

は し が き

　今日、経済社会の広範な分野でグローバル化、情報化が進展し、モノ、カネ、サービス、人、情報が国境を越えてグローバルに移動する時代となった。こうした中で、私たちの暮らしの姿は大きく変化しつつあり、国内だけでは解決が困難な問題も増加している。そこで、グローバル時代の消費生活の現況・問題点を探るとともに、消費者・生活者の安全・安心を支える制度や政策のあり方に関し総合的に考える必要性が高まっている。

　本書は、「グローバル時代の消費者と政策」というテーマの下、グローバル化が急速かつ広範に進みつつある今日の消費者の生活と政策に関して、名古屋経済大学消費者問題研究所の所員有志を中心としつつ、共通の関心を持つ研究者・実務家による研究成果を取りまとめたものである。

　本書は、全体が7章から成り、「グローバル時代の消費者と政策」に関し、モノ、サービス、人、制度・政策、国際連携等の視点から総合的に考察を行っている。

　第1章では、本研究プロジェクトの全体的な枠組みを示す観点から、グローバル化する消費者問題の現状をみるとともに、越境消費者トラブルの効果的解決やグローバル時代の消費者政策のあり方について考察を行っている。

　第2章および第3章では、「モノ」や「サービス」の観点から、韓国における農産物への対応を中心として食品の安全性確保について検討するとともに、伝統的な消費者インフラである航空輸送産業の提供主体に関し考察を行っている。

　第4章では、グローバル化の中の「人」に着目して、外国人消費者への支援インフラの課題を探っている。

　第5章では、消費者・生活者の暮らしを支える「制度・政策」面の一つとして、グローバル環境会計情報の開示と消費者利益について考察している。

はしがき

　第6章および第7章は、「国際連携」の視点から考察を行っている。第6章では、グローバル化する消費者問題に関し、様々な場で国際連携の試みが進みつつある状況をみるとともに、今後の課題を考察している。また、第7章では、韓国の経済法（独占禁止法、表示広告公正化法）において、消費者の視点から興味深い制度設計と運用がなされており、我が国でも参考とすべき点が多いことを述べている。

　経済社会のグローバル化は、今後さらに進展し、その広さと深さが一層増していくことは必至である。消費生活の分野においてもグローバル化に伴う様々な問題がより先鋭的に顕在化してくると考えられることから、消費者を取り巻く制度・政策面の対応や国際連携への要請はより一層高まっていこう。こうした課題に関し、今後の方向性やあり方を考えるうえで本書がその一助となれば幸いである。

　本書は、学校法人市邨学園創立100周年記念事業の一つである「名古屋経済大学叢書」の第6巻として刊行するものであり、関係者の皆様に厚く感謝申し上げる。また、本書の刊行に当たっては、民事法研究会の鈴木真介氏に大変お世話になった。ここに謝意を表したい。

　平成26年3月

名古屋経済大学教授・消費者問題研究所長

田　口　義　明

《執筆者》

第1章：田口　義明（名古屋経済大学　経済学部教授・消費者問題研究所長）

第2章：田村　善弘（名古屋経済大学　経済学部講師）

第3章：野方　大輔（名古屋経済大学　経営学部講師）

第4章：水野　有香（名古屋経済大学　経済学部講師）

第5章：佐藤　豊和（名古屋経済大学　経営学部講師）

第6章：枝窪　歩夢（㈶国民生活センター　相談情報部相談第3課課長補佐
　　　　　　　　　明治学院大学　法学部非常勤講師）

第7章：中山　武憲（名古屋経済大学大学院　法学研究科教授）

第1章　グローバル時代の消費者と政策

第1節　グローバル時代の消費者と消費者問題 …… 2
1　消費者を取り巻くグローバル化の状況 …… 2
2　グローバル化する消費者問題 …… 2
(1) 消費者問題のグローバル化——越境消費者トラブルの増加 …… 2
(2) 越境消費者トラブルの概要と問題点 …… 3
(3) 消費者が気付かない越境トラブル …… 5
(4) 決済代行業者の問題 …… 6

第2節　越境消費者トラブルの効果的解決 …… 8
1　「消費者庁越境消費者センター」（CCJ）の設置・運営 …… 8
2　決済代行業者問題への対応 …… 11
(1) 決済代行業者への登録制度の導入 …… 11
(2) 残された課題 …… 12
3　越境トラブル解決のための国際的取組み …… 14
(1) EU（欧州連合）における ECC-NET の運用 …… 14
(2) 国連国際商取引法委員会（UNCITRAL）による ODR ルールの策定 …… 14

第3節　グローバル時代の消費者政策 …… 15
1　「消費者基本計画」におけるグローバル対応 …… 15
(1) 消費者基本法の政策枠組み …… 15

(2)　消費者基本計画におけるグローバル化への対応 ·················15
　2　消費者政策の国際連携 ··17
　(1)　消費者政策の企画立案における国際連携 ·······················17
　(2)　消費者保護のための法執行における国際連携 ···············18
　(3)　発展途上国の消費者政策への支援 ··································19

第2章　食品安全性確保と消費者
～韓国における農産物への対応を中心に～

第1節　本章の目的と課題 ··22

第2節　食品安全性の概念と韓国の関連法 ··························23
　1　食品安全性の概念 ···23
　2　消費者問題としての食品安全性問題 ·································24
　3　韓国の食品安全性関連法と消費者 ·····································26

第3節　韓国における農水畜産物の輸出入動向 ···················28
　1　輸入動向 ···28
　2　輸出動向 ···30

第4節　農産物の輸出入にかかわる安全性確保への対応 ······32
　1　韓国国内での農産物等の安全性確保 ·································32
　(1)　牛肉トレーサビリティ ···33
　(2)　食品トレーサビリティ・システム ·······························33

(3) 豚肉トレーサビリティ …………………………………34
　2　輸出食品の安全性確保 ……………………………………36
　(1) フィモリ …………………………………………………36
　(2) 食品安全基準の同等性への対応——GAPを中心に——……38

第5節　結　論 ……………………………………………………40

第3章　伝統的な消費者インフラの提供主体の考察
——航空輸送産業——

第1節　はじめに …………………………………………………44

第2節　航空輸送産業の規制緩和 ………………………………45

第3節　規制緩和後の市場環境 …………………………………47

　1　航空会社数の推移 …………………………………………47
　2　航空運賃のバラエティ ……………………………………48
　3　航空運賃 ……………………………………………………49
　4　航空機の利用者数 …………………………………………51
　5　航空各社のシェア …………………………………………53
　6　航空と鉄道の旅客輸送シェア ……………………………54
　7　航空のリスク ………………………………………………56
　　(1) リスク指標およびデータ ………………………………57
　　(2) 実証分析 …………………………………………………60

第4節　おわりに ……………………………………………67

第4章　外国人消費者への支援インフラと社会的排除リスク

第1節　はじめに ……………………………………………70

第2節　社会的排除の構造と社会的包摂の方向性 …………71
 1　社会的排除の概念 ………………………………………71
 2　社会的包摂の政策 ………………………………………74

第3節　日本に住む外国人住民 ………………………………77
 1　外国人住民の増加 ………………………………………77
 2　外国人住民の増加の背景 ………………………………79
 3　愛知県に住む外国人住民の特徴 ………………………80

第4節　行政窓口からみた消費者としての外国人住民 ……81

第5章　グローバル環境会計情報の開示と消費者利益

第1節　はじめに ……………………………………………86

目 次

第2節　社会関連会計の意義 ……………………………………………87

第3節　環境会計 …………………………………………………………89

　1　環境会計の位置づけ ………………………………………………89
　2　「環境会計ガイドライン」の概要 ………………………………90
　3　「環境会計ガイドライン（2005年版）」……………………………91

第4節　CSR報告書 ……………………………………………………93

　1　CSR報告書の概要 ………………………………………………93
　2　CSR会計 …………………………………………………………95
　　(1)　CSR会計の概要 ………………………………………………95
　　(2)　CSR会計の具体的開示例 ……………………………………95

第5節　消費者利益の今後のあり方 ……………………………………97

　1　企業側の課題 ………………………………………………………97
　2　消費者側の課題 ……………………………………………………98

第6章　消費者問題のグローバル化に対する国際連携

第1節　はじめに …………………………………………………………102

第2節　消費者問題のグローバル化とは：三つの視点 ………102

　1　視点の1：クロスボーダー消費者紛争への対応 …………………102

8

         2　視点の2：消費者政策の立案・法執行における国際連携 ……………103
         3　視点の3：開発途上国への社会制度整備支援 ……………………104

   第3節　クロスボーダー消費者紛争への対応 ………………104
      1　クロスボーダー化する消費者トラブル・紛争の現状 …………………104
      2　クロスボーダー消費者トラブル解決への取組み ………………………106
         (1)　EUにおけるECC-NETの運用 ………………………………………106
         (2)　日本における取組み：「消費者庁越境消費者センター」(CCJ)…107
      3　オンラインによるADRへの取組み（Online Dispute Resolution） ……………………………………………………………………109
         (1)　国連国際商取引法委員会（UNCITRAL）による取組み …………109
         (2)　日本のADR手続との比較 …………………………………………110

   第4節　消費者政策の立案・法執行における国際連携 ………113
      1　消費者政策の企画立案における国際連携 ………………………………113
         (1)　OECD消費者政策委員会（CCP）の役割と活動 …………………113
         (2)　ICPEN（消費者保護および執行のための国際ネットワーク）……114
      2　法執行における国際連携 …………………………………………………115
         (1)　法執行におけるナレッジの共有と国際連携 ………………………115
         (2)　地域的な各国間連携体制の構築 ……………………………………116

   第5節　開発途上国の社会制度整備への支援 …………………117
      1　開発途上国へのガバナンス整備支援の重要性と日本の優位性 ………117
         (1)　日本における開発途上国への法整備支援 …………………………117
         (2)　日本の法整備支援の特徴 ……………………………………………118
      2　法整備支援から行政機構整備支援へ ……………………………………119
      3　消費者行政分野における法整備・行政機構整備への支援 ……………119

第6節　結　び ……………………………………………………………121

第7章　韓国経済法と消費者

第1節　はじめに ………………………………………………………124

第2節　市場支配的地位濫用行為としての消費者利益
　　　　阻害 ……………………………………………………………124

　1　市場支配的地位濫用行為 ………………………………………124
　　(1)　規制制度の概要 ………………………………………………124
　　(2)　日本法との比較 ………………………………………………125
　2　消費者利益の阻害 ………………………………………………126
　　(1)　規制の方式 ……………………………………………………126
　　(2)　消費者利益阻害に関する学説 ………………………………126
　　(3)　実務における運用および判例 ………………………………127
　3　運用面における日韓両国それぞれの特徴 ……………………128

第3節　カルテルと消費者 ……………………………………………129

　1　カルテル規制のための制度と運用 ……………………………129
　　(1)　カルテル規制の目的 …………………………………………129
　　(2)　規制制度の概要 ………………………………………………129
　　(3)　カルテル規制における日韓比較 ……………………………130
　2　消費財カルテルおよび物価抑制策 ……………………………131
　　(1)　消費財カルテルに対する規制 ………………………………131

(2)　物価抑制策 ……………………………………………………132

第4節　不公正取引行為規制における消費者保護 …………132

　1　不公正取引行為 ……………………………………………132
　(1)　不公正取引行為の内容 ……………………………………132
　(2)　運用面での特徴 ……………………………………………133
　(3)　不公正取引行為と消費者 …………………………………133
　2　不当な顧客誘引 ……………………………………………134
　(1)　行為の内容 …………………………………………………134
　(2)　景品類提供に対する規制 …………………………………134
　(3)　運用状況 ……………………………………………………134
　3　再販売価格維持行為 ………………………………………135
　(1)　規制の方式 …………………………………………………135
　(2)　運用状況 ……………………………………………………135
　(3)　適用除外 ……………………………………………………135

第5節　表示広告行政と消費者保護 …………………………136

　1　表示広告公正化法 …………………………………………136
　(1)　不当な表示広告に対する規制 ……………………………136
　(2)　不当な表示広告の内容 ……………………………………137
　(3)　韓国法の特徴 ………………………………………………137
　2　重要情報告示制度 …………………………………………137
　(1)　制度の内容 …………………………………………………137
　(2)　制度の意義と運用 …………………………………………138
　3　統合公告制度 ………………………………………………138
　(1)　制度の内容 …………………………………………………138
　(2)　制度の趣旨と運用 …………………………………………138

目　次

第6節　事件処理手続における消費者被害救済 …………139

1　事件処理手続 ………………………………………139
2　独占禁止法における同意議決制 …………………139
　(1)　制度の内容と趣旨 ……………………………139
　(2)　同意議決制と消費者 …………………………141
3　表示広告公正化法における消費者被害事件 ……141

第7節　損害賠償制度と消費者保護 ……………………143

1　独占禁止法における損害賠償制度 ………………143
2　表示広告公正化法における損害賠償制度 ………144

第8節　おわりに ……………………………………………145

第1章
グローバル時代の消費者と政策

第1節　グローバル時代の消費者と消費者問題

1　消費者を取り巻くグローバル化の状況

　今日、経済社会の広範な分野でグローバル化が進んでいる。モノ、カネ、サービス、人、情報が国境を越えてグローバルに移動する時代となった。
　こうした中、消費者の生活にもグローバル化の波が押し寄せている。食料品、衣料品、電気製品等の様々な商品が我が国に輸入されて流通することで、消費者は、日々、数多くの輸入品に囲まれて生活している。近年では、情報化の進展に伴い、消費者がインターネットを通じて海外から直接購入することも容易になっている。また、金融、保険、運輸、情報、通信など海外事業者が提供するサービスを利用する度合いも高まっている。さらには、モノやサービスのみならず、カネや人も国境を越えて頻繁に移動するとともに、インターネットの利用の広まりにより、消費者も各種の情報を、国境を越えて直接受発信する状況がみられる。
　我が国は、現在、環太平洋経済連携協定（TPP）の交渉に参加し、協議が続けられているが、この交渉が合意に至れば、アジア太平洋という広範な地域において、近い将来、関税の引下げ・撤廃、外資規制の緩和等がさらに一段と進み、消費者を取り巻くグローバル化も一層進展するものと見込まれる。

2　グローバル化する消費者問題

(1)　消費者問題のグローバル化──越境消費者トラブルの増加

　経済社会の広範な分野でグローバル化が進展し、モノ、カネ、人、情報などが国境を越えてグローバルに移動する中で、消費者問題もグローバル化が急速に進んでいる。
　消費者庁が2012年度に実施した「消費者意識基本調査」によると、この1年間に、海外の事業者から商品を購入したり、海外の事業者のサービスを利

用した経験(以下、「越境取引」という)があるかを聞いたところ、「海外に行った際に現地で、商品を購入したり、サービスを利用した」との回答が3.8%、「通販サイト等を通じて日本にいながら、商品を購入したり、サービスを利用した」との回答が4.6%、両者を合わせて7.6%となっている。この越境取引経験者のうち、約1割(11.1%)が越境取引で被害やトラブルに遭っており、中でも「商品が破損しているなどの不良品であった」との回答が最も多くなっている。また、越境取引で被害やトラブルに遭った人のうち、33.9%が「誰にも相談したり伝えたりしなかった」と回答している[1]。

(2) 越境消費者トラブルの概要と問題点

　全国の消費生活センター等に寄せられる消費者相談の概要は、独立行政法人国民生活センターが運営するPIO-NET(パイオネット:全国消費生活情報ネットワーク・システム)によって集約されている。PIO-NETでは越境消費者トラブルに関する相談の抽出は難しいが、外国名キーワードが付与されている相談[2]で近似的にその状況をみると、〔図表1-1〕のとおりである。

　本資料により越境消費者トラブルの状況をみると、全体として、海外とのインターネット取引に関連するものが多い。相談件数としては、海外宝くじや賞金が当たった等のダイレクトメールにかかわるものが最も多く、次いで、換金性の乏しい外国通貨の取引、外国債、外国事業会社の株・社債、ファンド型投資商品にかかわるものなど金融関連のトラブルが多くなっている。主な相談内容としては、

・商品が届かない

・偽ブランド品が送られてきた

---

[1] 消費者庁『平成25年度消費者白書』80頁。
[2] PIO-NETでは、輸入品、外国製品、海外からのダイレクトメール等、「外国」関連の相談に、当該国名を表わすキーワードを付与しており、そのキーワードが付された相談を抽出したものである。このため、これら相談件数には、外国製の商品を日本で購入したケースや海外旅行など日本国内の事業者との契約に関するものも含まれている。

第1章　グローバル時代の消費者と政策

〔図表1-1〕　外国関連トラブルに関する相談件数

	商品・サービス	2011年度相談件数	主な相談内容
1	他の教養娯楽	8,972	海外宝くじ、賞金が当たった等のDM
2	他の金融関連サービス	1,537	日本での換金性の乏しい外国通貨の取引
3	預貯金・証券等	1,143	外国債、外国の会社・外国で事業を行う会社の株、社債等の取引
4	ファンド型投資商品	1,098	外国の会社・外国で事業を行う会社への投資
5	旅行代理業	881	海外パックツアー、航空券手配、ホテル予約
6	役務その他	797	アメリカの電子渡航認証システム申請代行手続、ビザの手続代行、国際結婚のための結婚相手紹介サービス
7	自動車	773	海外メーカーの自動車
8	放送・コンテンツ等	579	海外のアダルト情報サイト、決済代行会社が関連する出会い系サイトなどの有料コンテンツ
9	履物	579	海外ブランドの靴の購入、海外サイトからの靴の購入
10	商品一般	572	クレジットカードの不正利用（外貨による請求）、外国語の不審なメール・封書
11	婦人洋服	404	海外ブランドの婦人服の購入、海外サイトからの婦人服の購入
12	かばん	384	海外ブランドのかばんの購入、海外サイトからのかばんの購入
13	パソコン・パソコン関連用品	383	外国製パソコン、外国製パソコンソフト、海外にある顧客対応窓口
14	移動通信サービス	328	携帯電話やスマートフォンの国際ローミング、海外メーカーの携帯電話
15	音響・映像製品	324	外国製テレビ、外国製音楽プレーヤー

出所：国民生活センター「越境取引トラブルについて」（2012年5月17日）より。
　　　相談件数は2012年4月末日までのPIO-NET登録分。

- 商品に不具合がある
- キャンセル料が不当に高額（海外ホテルや航空券の予約等）
- 返品に応じてもらえない
- 相手事業者と連絡できない
- クレジットカードで不当に決済された（海外のアダルトサイト等）

などである。

消費者トラブルのグローバル化の傾向は、最近において顕著であり、特に海外インターネット通信販売のトラブルが急増している[3]。

これら越境消費者トラブルにおいては、言語の違いや地理的な隔たりから、相手事業者とコンタクトをとることが難しいケースが多い。また、法制度、商習慣の違いや決済関係が複雑であることなどから、円滑なトラブル解決につながりにくいものが多くなっている。

(3) 消費者が気付かない越境トラブル

グローバル化する消費者問題は、おおむね次の二つの類型に大別されよう。

第1の類型は、モノ、カネ、人が国境を越えて移動することに伴って直接的に発生する越境消費者問題である（**直接型越境トラブル**）。輸入品に係る安全や取引上のトラブル、海外旅行や留学などのサービスに係るトラブル、外国金融資産への投資に伴うトラブルなどがその典型である。

第2の類型は、一見すると国内取引と思われるものであっても、インターネット等を利用して行われ、実際にトラブルになってから、相手事業者が海外に所在することが判明する、目に見えにくい越境トラブルである（**間接型越境トラブル**）。

通販サイトで商品を購入したところ、「届いた商品が模倣品のようだ」、「代金を支払ったのに商品が届かない」といった相談が各地の消費生活セン

---

[3] 国民生活センター「消費者問題に関する2013年の10大項目」（2013年12月19日）によれば、インターネット通販のトラブルのうち、特に「外国」関連の相談は過去最高の1万520件（2012年同期4810件の約2.2倍）となっている。

第1章　グローバル時代の消費者と政策

ターに多く寄せられるが、こうしたサイトに関しては、日本語で書かれているため、海外事業者の運営サイトであっても、それと気付かずに利用してしまうケースがある[4]。また、出会い系サイトの高額な利用料請求トラブルなどでは、いわゆる決済代行業者（後述）を通じて海外からクレジットによる支払請求がなされることが多い。この他、「宝くじに当たった」などと称して手数料等を騙し取ろうとする、いわゆる「宝くじ商法」なども、相手事業者は海外に所在することが多い。

(4) 決済代行業者の問題

消費者が気付かないうちに越境トラブルに遭い、その解決を困難にしている一つの要因が、決済代行業者の問題である。

インターネットを利用した出会い系サイト、アダルトサイト等のトラブルでは、消費者の利用額決済にクレジットカードが利用されることが多いが、その際、多くの事例で、海外の決済代行業者を経由して決済が行われている。出会い系サイト等でみられる詐欺的な事業者は、消費者苦情を発生させるおそれがある等の理由から、国内のクレジットカード会社による加盟店審査が通りにくいため、海外の決済代行業者[5]を介し、海外のクレジットカード会社（当該国で加盟店の開拓、加盟店契約の締結や加盟店管理等の業務を行う、いわゆるアクワイアラー）や国際ブランド会社（VISA、MasterCardなど）を経由して、消費者に利用料金などを請求することが多い[6]（図表1-2参照）。

この場合、消費者が会員となっているカード発行会社（イシュアー）に対して、ネット事業者による請求が不当なものだとして苦情を申し立てても、

---

[4]　国民生活センターでは、このようなケースに関し、「サイト内の日本語が不自然であるときなどには注意が必要」、「事業者の連絡先としてメールアドレスしか記載されていないようなサイトでの取引は危険」等の注意情報を提供している（たとえば2013年5月20日メールマガジン情報「サイトは日本語だけど!?　海外通販のトラブル」など）。

[5]　海外のクレジットカード会社（アクワイアラー）の加盟店となり、ネット事業者など小規模な事業者と提携してカード決済を代行する者。

[6]　その背景には、海外のクレジット会社（アクワイアラー）による加盟店審査が日本国内に比べ甘いという事情があると思われる。

〔図表1-2〕 越境型の決済代行の仕組み

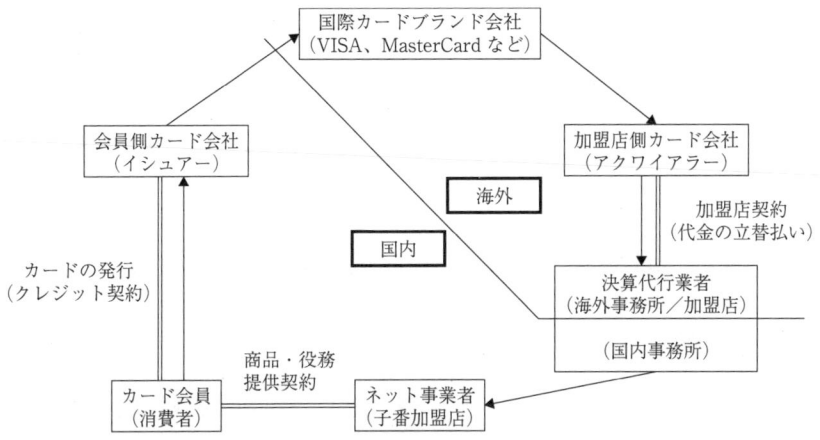

出所：国民生活センター「悪質な『有料メール交換サイト』にご注意！」（2010年9月1日）、消費者委員会「決済代行業者を経由したクレジットカード決済によるインターネット取引の被害対策に関する提言」（2010年10月22日）をもとに作成。

　イシュアーとネット事業者との間には直接の契約関係がなく、海外のアクワイアラーや決済代行業者を経由して対応を求めざるを得ないが、その交渉は難航することが多い。一方、消費者がネット事業者に直接苦情を申し立てようとしても連絡がつかず、また、カード決済を取り消すために決済代行業者に連絡しようとしても連絡先がわからないことが多い[7]。これが、インターネット関係のトラブルを解決しようとする際に、各地消費生活センターの相談現場で現在最も苦労している点でもある。

　消費者トラブルを起こしやすいネット事業者は、海外の決済代行業者と提携し、あえて越境型決済網に迂回させることでクレジットカードによる決済が可能となるわけであるが、こうした迂回決済の仕組みがインターネット利

---

[7] 消費者委員会「決済代行業者を経由したクレジットカード決済によるインターネット取引の被害対策に関する提言」（2010年10月22日）。

用に絡んだ消費者トラブルの解決を極めて困難なものにしている。現状は、越境型決済代行の仕組みがインターネット利用による消費者被害の温床となっているともいえる。しかし、消費者は、自分のネット利用代金が決済代行業者を介して越境型で決済されていることに気付かず、トラブルになって初めて複雑な契約・支払関係にあることを知ることになる。

第2節　越境消費者トラブルの効果的解決

1　「消費者庁越境消費者センター」（CCJ）の設置・運営

　前節で見たように、インターネットの普及により取引は容易に国境を越えるようになった。消費者取引においても急速にグローバル化が進んでおり、消費者が意識するかしないかにかかわらず、海外の商品を購入したり海外の事業者と取引をしたりするケースが増え、それによるトラブルも増加している。

　こうした越境消費者トラブルによる被害を防ぐためには、まずはトラブルに巻き込まれないことが重要であり、そのために、消費者庁、国民生活センターや各地消費生活センターでは、消費者に対する啓発等に努めている[8]。また、消費者庁では、2013年2月以降、有名ブランドの模倣品を販売する海外の通販サイトを逐次公表し、消費者に対し注意を呼びかけている[9]。

　しかし、こうした情報提供等の取組みだけでは十分とはいえない。越境消費者トラブルでは、実際にトラブルとなった場合、言語や法制度・商慣習等

---

(8)　前掲注(4)参照。また、最近では、消費者庁「インターネットを通じた海外ショッピング時のトラブルと注意すべき5つのポイント——消費者庁越境消費者センター（CCJ）に寄せられた相談から——」（2012年4月11日）、同「その商品、模倣品かも…！？？？　——模倣品を販売するウェブサイトを見抜く4つのチェックポイント——」（2013年2月5日）など。

(9)　消費者庁では、2013年2月に模倣品を販売する二つのサイトを実名で公表して以降、「模倣品の販売が確認された海外ウェブサイト」および「模倣品の販売が強く疑われる海外ウェブサイト」を随時ホームページ上で公表し、定期的に更新している。

第2節　越境消費者トラブルの効果的解決

〔図表1-3〕　消費者庁越境消費者センター（CCJ）の仕組み

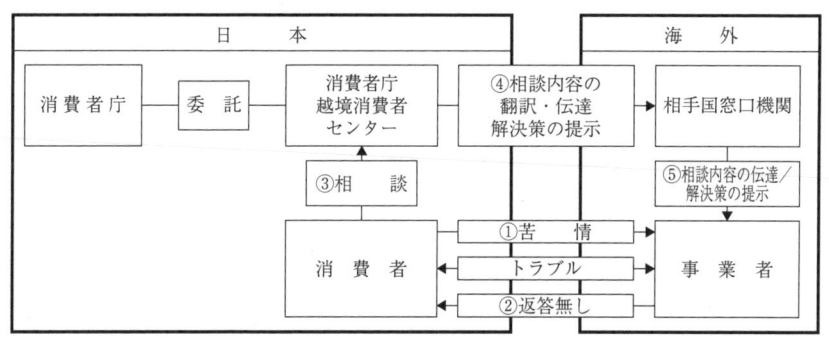

出所：消費者庁ホームページ資料「消費者庁越境消費者センター（CCJ）とは？」による。

の違いのほか、現地の関係機関との連携がないなどの理由から、全国の消費生活センター等の相談業務では十分に対応することが困難な状況にある。

そこで、消費者庁では、2011年11月に「消費者庁越境消費者センター」（CCJ：Cross-Border Consumer Center Japan）を設置し、電子商取引や海外ショッピングで越境トラブルに遭った消費者から電子メールおよびFAXにより相談を受け付けている。この取組みでは、海外の消費者相談機関[10]と提携・協力して越境消費者トラブルの解決を図るとともに、海外ショッピングにかかわるトラブル情報の収集・調査が行われている（図表1-3参照）。

CCJが2012年度に受け付けた相談は、2474件となっており、「インターネットで有名ブランドの商品を購入し手元に届いたが、真正品ではないと思う」などの模倣品到着に関する相談が最も多く寄せられている。また、購入商品・サービス別では、かばんや財布、化粧品等の「身の回り品」が多く、国・地域別ではアメリカ、中国が多くなっている[11]。相談件数は年々増加

---

[10] 米国・カナダ：CBBB（The Council of Better Business Bureaus）、台湾：SOSA（Secure Online Shopping Association）、シンガポール：シンガポール消費者協会（Consumer Association of Singapore）、中南米諸国：eInstituto（Instituto Latino-americano de Comercio Electronico）。
[11] 消費者庁・前掲注(1)80頁～81頁。

第1章　グローバル時代の消費者と政策

しており、2013年度は前年同期の2倍以上となっている（同年11月現在）。

　現在のCCJの運用は以上のような状況にあるが、いくつかの課題も抱えている。現行CCJは、消費者庁から委託を受け、民間企業であるSBIベリトランス株式会社が事務局となって、CCJ構成組織[12]の協力を得て相談業務を実施するという形をとっているが、消費者からの相談の秘密をいかに保護するかが大きな課題となる。また、個別の相談受付は電子メールとファクシミリによるもののみで、電話や面談等による相談ができず、連携する海外の消費者相談機関も限定されている。

　そもそも越境消費者トラブルの実体は、必ずしも明白かつ独立した範疇としてあるわけではなく、通常の消費者トラブルの中に越境性の要素が潜在している場合が多い。特にインターネット取引をめぐるトラブルでは、前述のように海外の決済代行業者が介在するなど、消費者の目に見えないところで越境的要素が入ってくることが多く、その傾向は今後ますます強まっていくと思われる。

　こうした越境的要素を内在させた消費者トラブルを包括的かつ効果的に解決するためには、全国の消費生活センター等のネットワークを通じて、恒常的に相談サービスが提供されることが重要である。こうした観点から、今後は、消費生活センターの中核的機関である国民生活センター[13]が中心となって、海外の消費者相談機関とも連携しつつ、越境性を有するトラブルに対する高次相談サービスを提供する必要があると考えられる。

　なお、海外の消費者相談機関と連携するためには相互の利益提供が前提となることから、相手国の消費者が日本の事業者とトラブルになるケースについても適切な被害救済サポートを行うことが求められる。

---

(12)　SBIベリトランス株式会社の他、株式会社ODR Room Network、一般社団法人ECネットワーク、E-Commerce Asia Association。
(13)　消費者基本法25条において、国民生活センターは、消費生活情報の収集・提供、苦情処理・相談、紛争解決、商品テスト、啓発・教育等における「中核的な機関」と位置付けられている。

2 決済代行業者問題への対応

(1) 決済代行業者への登録制度の導入

　前節でみたように、インターネット利用料金等に係る消費者トラブルの背後には、海外の決済代行業者が介在していることが多く、消費者が気付きにくい形で越境トラブルの温床となっている。こうした複雑な取引形態の下にある決済代行業者は、与信業務こそ行っていないものの、クレジットカード会社（アクワイアラー）と包括的な加盟店契約を結び傘下に多数の店子(たなこ)加盟店を抱えたり、またはアクワイアラーに店子を斡旋して加盟店契約を代理締結する等によって、それら店子の事業者にクレジットカード決済を利用できるようにしている[14]。このように、事実上クレジットカード会社の加盟店業務に近い業務を行っていながら、現行の割賦販売法上は、商店街の組合組織などと同様の包括加盟店または加盟店契約の代理業という位置付けであり、その開業や業務実施に関し特段の規制はなされていない。

　こうした中、出会い系サイト等による消費者トラブルの背景として、2009年頃より決済代行問題が顕在化したことから、この問題に関し、消費者庁および消費者委員会による検討が進められた。その結果、消費者委員会においては、決済代行業者が介在する取引被害の救済等に役立てるため、決済代行業者を経由した取引である場合は、その旨や当該事業者の連絡先などを特定商取引に関する法律による通信販売業者の表示義務事項として追加・明示すべきであるとの提言がなされた（「決済代行業者を経由したクレジットカード決済によるインターネット取引の被害対策に関する提言」(2010年10月22日)）。

　また、消費者庁においては、2010年8月に「インターネット消費者取引研究会」を設置し、検討が進められてきたが、2011年3月にとりまとめられた報告書[15]では、独自の調査や消費者委員会の提言を踏まえ、決済代行業者

---

(14) 詳しくは山本正行「クレジットカード決済のしくみ」（国民生活センター「国民生活」2012年11月号）3頁等。

第1章　グローバル時代の消費者と政策

が介在する取引であることやその名称・連絡先等が消費者や消費生活相談員にわかりやすく示されるよう登録制度を導入すべきことが提案された。

　これを受けて、2011年7月より、民間団体による任意の仕組みとして、「決済代行業者登録制度」の運営が開始された。この制度は、消費者庁から委託を受けて、一般社団法人モバイル・コンテンツ・フォーラムが実施するもので、パソコンや携帯電話からネット取引を行う場合に用いられるクレジット決済について、決済代行業者の登録制度を設けることにより、一定の基準を満たす事業者を登録するとともに、ネット上に事業者情報を公開するものである。2014年1月現在、決済代行業務を行う約30社の情報が登録されている。

(2)　残された課題

　決済代行業者に係る登録制度は、運用開始後2年余が経つが、現行の仕組みは、あくまでも民間団体により運営される任意の仕組みであり、「当面の措置」と位置付けられている[16]。その目的も、消費者等に対して、決済代行業者が介在する取引であることや、その名称、連絡先等を示すものであるにすぎず、登録された決済代行業者の事業活動の適法性や適正性を保証するものではない[17]。また、現時点で登録されている事業者数は少数にとどまっていることに加え、現実には、この登録制度を利用せずに無登録で決済代行業務を行っている事業者がかかわるトラブルも多いといわれる。このため、現行の決済代行業者登録制度でインターネット取引による越境トラブル被害を防ぐには限界がある。

　本来、クレジットカードを用いた決済（包括信用購入あっせん契約）は、一

---

(15)　消費者庁インターネット消費者取引研究会「インターネット取引に係る消費者の安全・安心に向けた取組について」（2011年3月）。
(16)　インターネット消費者取引研究会・前掲注(15) 9頁。
(17)　決済代行業者登録制度運営規約2条2項（「登録制度は、登録を受けた決済代行業者の事業活動全般の適法性及び適正性並びに登録を受けた決済代行業者が関与する個々の取引の適法性及び適正性を保証するものではない」）。

第2節　越境消費者トラブルの効果的解決

定の商品・役務の販売・提供に関してクレジットカード会社（包括信用購入あっせん業者）から信用を供与されるものである。それゆえに、商品・役務の販売・提供に伴うクレジット決済で消費者が不当な不利益を受けることがないように、割賦販売法によって、商品・役務の販売・提供に係る抗弁がクレジット契約にも接続されたり、クレジットカード会社に対しては厳しい加盟店管理義務等が課されているものである。しかし、決済代行業者は、商品・役務の販売・提供には直接かかわることがなく、実質的にみてクレジットカード会社の加盟店たる実態を備えているとは言い難い。むしろ多数の店子事業者に代わって包括的な信用供与契約を締結し、クレジット契約の代理・代行または取次ぎ的な業務を行う者であり、クレジットカード会社の一部業務を代行している事業者であると考えられる。

　また、詐欺的なネット事業者と提携関係にある海外の決済代行業者は、海外のアクワイアラー（加盟店業務を行うクレジットカード会社）と加盟店契約を結んでいるが、その連絡先や営業拠点自体は国内に存在する場合も多いといわれる[18]。これは、国際ブランド会社のいわゆる「クロスボーダー（越境型）アクワイアリングの原則禁止」、すなわち、アクワイアラーとその加盟店は同一国内になければならないというルールに反している[19]ばかりでなく、クレジットカード事業に対する割賦販売法等による国内規制の脱法的色彩が強い。

　このように決済代行業者は、クレジットカード会社の加盟店業務に類似した機能を果たしていながら、包括的な加盟店またはその代理業と位置付けられており、クレジット業務を行う事業者に課される規制がかかっていない。こうした決済代行業者の位置付けを見直し、その実態に即して、アクワイアリング的業務に対しては割賦販売法の加盟店管理義務に相当する消費者保護規制をより直接的・実効的に課す必要があると考えられる。

---

(18)　インターネット消費者取引研究会・前掲注(15) 9頁。
(19)　山本・前掲注(14) 6頁。

3　越境トラブル解決のための国際的取組み

(1)　EU（欧州連合）における ECC−NET の運用

EU においては、国境を越えて発生する消費者トラブルの解決を図る仕組みとして、ECC-NET（European Consumer Centers Network）が運用されている。

EU 域内では、インターネット取引等により国境を越えてトラブル・紛争が発生したときに、消費者・事業者間の自主的な交渉が円滑に行われるよう、ECC-NET が支援を行っている。このシステムでは、EU 域内の各国が認定 Consumer Center を設置し、当該センターが自国の消費者から寄せられた相手国事業者に対する苦情を英語に翻訳し、相手国の認定 Consumer Center に取り次ぐ。それを受けた相手国センターが苦情内容を自国語に翻訳して苦情の対象事業者へ伝え、その返事は同じルート・態様で逆に辿るという、比較的簡素な仕組みとなっている。したがって、このネットワークが独自に第三者として両当事者の間に立って調停や仲裁などを行うことはないが、越境トラブルにおける言語の壁を打ち破り、トラブル・紛争の解決を促すうえでかなりの効果をあげている[20]。

(2)　国連国際商取引法委員会（UNCITRAL）による ODR ルールの策定

国連の国際商取引法委員会（UNCITRAL）においては、越境電子商取引トラブルに関し、IT 技術を活用しつつ、裁判外の紛争解決手続である ADR（Alternative Dispute Resolution）によって解決する ODR（Online Dispute Resolution）のルール作りが進められている。2010年6月に開催された UNCITRAL 総会において、電子商取引市場の健全な拡大をめざして、オンラ

---

[20]　詳細は、早川吉尚「UNCITRAL Online Dispute Resolution プロジェクト」（仲裁 ADR 法学会「仲裁と ADR」Vol. 7（2012年5月）15頁〜16頁および同「越境消費者トラブルに関する国際的なルール整備状況と課題—— UNCITRAL Online Dispute Resolution WG ——」（国民生活センター「国民生活研究」53巻2号（2013年12月））6頁〜7頁。

インでの紛争解決手続を作業項目として採用することが決定され、それを受け、ワーキンググループ（ODR WG）が設置されている。

UNCITRAL が策定を進めている ODR ルールにおいては、1件ごとは少額だが被害が多数に及ぶ紛争（Low Value High Volume Disputes）を対象としている。消費者紛争（B to C 事案）だけでなく、B to B 事案（事業者対事業者の事案）や C to C 事案（ネットオークションなど消費者対消費者の事案）も対象として含まれている。紛争解決の手続としては、和解交渉（Negotiation）、調停（Mediation）、仲裁（Arbitration）の3種類を基本とし、これら手続がすべてオンライン上で書面により進められることになる[21]。

EU の ECC-NET および UNCITRAL の ODR ルールについては、本書第6章で詳述する。

第3節　グローバル時代の消費者政策

1　「消費者基本計画」におけるグローバル対応

(1)　消費者基本法の政策枠組み

2004年に抜本改正された消費者基本法においては、消費者政策の基本理念として、「消費者の権利尊重と自立支援」を中心に据えているが（2条1項）、同時に、「変化への対応」を大きな柱として掲げている。具体的には、高度情報通信社会への対応（同条3項）、国際化の進展に対応した国際連携の確保（同条4項）、環境保全への配慮（同条5項）である。こうした変化への対応を政策的に裏付けるために、同法は、20条から22条までにおいて、高度情報通信社会への対応、国際連携の確保等を「基本的施策」として掲げている。

(2)　消費者基本計画におけるグローバル化への対応

消費者基本法では、このような政策枠組みの下、政府は、これら基本的施

---

(21)　早川・前掲注(20)参照。

第1章　グローバル時代の消費者と政策

策の具体的内容を「消費者基本計画」に体系的に盛り込み、明示することとしている（9条）。第1次消費者基本計画（対象期間：2005～2009年度）は、2005年4月に策定され閣議決定された。また、第2次消費者基本計画（対象期間：2010～2014年度）は、2010年3月に閣議決定された後、翌2011年以降毎年度、一部改定されている。

　現行の消費者基本計画においては、グローバル化に対応するため、また、これと密接な関係にある情報化に対応するために、おおむね以下のような消費者政策を推進することとしている。

1）グローバル化への対応
① OECD消費者政策委員会（CCP）において、加盟国における消費者問題の解決制度の現状比較、製品安全に関する情報共有の取組み等に積極的に参画。
② 2国間・地域間・多国間における消費者問題について、政策対話の実施等を通じ、国際的な連携を強化。
③ 「消費者保護及び執行のための国際ネットワーク」（ICPEN）等を通じて、法執行機関の国際連携を強化。
④ 輸入食品の安全性の確保のための検査・監視体制を強化。

2）情報化への対応
① インターネット等を活用した取引に関する消費者問題について総合的に検討。
　→消費者庁は「インターネット消費者取引研究会」を設置し検討を行い、「インターネット取引に係る消費者の安全・安心に向けた取組について」をとりまとめた（2011年3月。第2節2で既述）。
② インターネット等を活用した国内外の事業者との取引に関し、以下の事項を中心に実施。
　・決済代行業者の名称、連絡先などの分かりやすい表示の仕組みの整備
　　→新たに登録制度を開始（2011年7月。第2節2で既述）。
　・広告表示に対するネット上の監視活動の強化
　・越境取引に関する消費者トラブルの解決に向けた各国消費者相談窓口間のネットワークの構築

> →「消費者庁越境消費者センター」(CCJ) の運営を開始 (2011年11月。第2節1で既述)。
> ・インターネット取引に係る事業者が守るべき表示の留意事項を提示
>   →消費者庁は「インターネット消費者取引に係る広告表示に関する景品表示法上の問題点及び留意事項」を公表 (2011年10月)。
> ・関係事業者、消費者団体等の参加する「インターネット消費者取引連絡会」の運営
> ・2国間会議、UNCITRALの作業部会も活用した越境電子商取引のトラブル解決のあり方についての検討

2 消費者政策の国際連携

(1) 消費者政策の企画立案における国際連携

　消費者問題のグローバル化に対応するためには、起こってしまった越境消費者トラブル・紛争の効果的な解決・救済を図るだけでなく、そうしたトラブル・紛争の発生自体を防ぐために、消費者政策の企画立案や法執行で連携を図っていくことが重要である。

　消費者政策の企画立案における国際連携の場としては、まずOECD（経済協力開発機構）[22]の消費者政策委員会（CCP：Committee on Consumer Policy）がある。CCPは、消費者政策に関し、OECD加盟国間での情報や経験の交換、討議、協力の推進を目的として、1969年に設置され、以来、主として先進国間を中心として国際連携のための活動を続けてきた。

　一定の政策課題に関し、CCPにおいて方向性や提言がまとまると、OECDの上部機関である理事会（Council）で審議・決定のうえ、加盟国に対して勧告（Recommendation）として発せられる。その一つに「消費者の紛争解決及び救済に関するOECD理事会勧告」(2007年7月) がある。この勧告は、国境を越えた取引を含む、事業者との取引から生じる経済的損害に

---

(22) 2014年1月現在、欧米先進諸国を中心に34カ国が加盟している。

第1章　グローバル時代の消費者と政策

ついての紛争を解決し、救済を得るための仕組みに関し、加盟国に対して共通の原則を提示することを目的としている。勧告内容としては、消費者が、不必要な費用・負担を負うことなく、公正、簡便で効果的な紛争解決・救済を利用できるように、現行の仕組みを見直して、以下の枠組みから紛争解決・救済の枠組みを提供するよう努力することを求めている。

① 個人で提起する消費者紛争解決・救済の仕組み（中立的な第三者機関による裁判外紛争解決（ADR）サービス、通常の訴訟よりも迅速・簡易な少額訴訟制度など）

② 集合的に提起する消費者紛争解決・救済の仕組み（個々の消費者が他の消費者の代表者として提起する訴訟、消費者団体が消費者の代表者として提起する訴訟、消費者保護執行機関が消費者を代表して提起する訴訟など）

③ 消費者保護執行機関が消費者のための救済を実施・促進する仕組み（民事または刑事の手続で救済するための裁判命令を要求する権能、救済を求める訴訟において代表者として行動する権能など）

　我が国では、上記勧告の①を重要な根拠の一つとして、2008年に、独立行政法人国民生活センター法が改正され、国民生活センターによるADR[23]が導入された。また、2013年12月には、同種・多数であることが多い消費者被害を集団的・効果的に救済することを目的として、消費者裁判手続特例法（「消費者の財産的被害の集団的回復のための民事の裁判手続の特例に関する法律」）が制定されたが、これは、上記勧告の②を具体化するものといえる。

(2)　消費者保護のための法執行における国際連携

　消費者保護のための諸法律の執行面で国際連携を図る場として、現在、

---

[23] 国民生活センターに紛争解決委員会を設置して、「重要消費者紛争」（消費者・事業者間で生じる消費者紛争のうち、同種・多数性、危害の重大性、事案の複雑性等のあるもの）について、「和解の仲介」および「仲裁」によって簡便かつ迅速に解決を図る手続。消費者等から毎年度100件超の申請が寄せられ、かつ、年々、申請件数が増加している。また、本手続が進められた事案のうち紛争解決に至った割合も約6割と高いこと等から、我が国ADRにおいて成功事例と評価されている。

第3節 グローバル時代の消費者政策

ICPEN（消費者保護及び執行のための国際ネットワーク：International Consumer Protection and Enforcement Network）がある。ICPENは、1992年にOECD/CCPアドホック会合により設立されたもので、関係国における消費者行政の法執行当局をメンバーとする非公式会合である。国境を越えたインターネット取引等における不正な行為を防止するために、参加国の法執行機関が収集した消費者の苦情相談情報を蓄積したデータベースを運用するとともに、参加国が同時にウェブの監視を行うインターネット・スウィープや詐欺防止月間キャンペーン等の共同プロジェクトに取り組んでいる。

(3) 発展途上国の消費者政策への支援

先進国間の政策調整と並んで、発展途上国において消費者政策の制度整備が進むよう支援していくことも、消費者問題のグローバル化に対応するうえで極めて重要な課題である。我が国では、独立行政法人国際協力機構（JICA）等を通じて、発展途上国の法整備支援事業が実施されており、消費者政策もその重要な一分野となっている。ベトナムをはじめ、カンボジア、ラオス、モンゴル、インドネシア、ウズベキスタンなどアジアの国々を中心として、消費者関連法の整備やその執行・運用に関し専門的な支援が行われており、グローバル化に対応する重要な国際連携の役割を担っている。

以上に述べたような消費者政策の企画立案や法執行における国際連携、さらには発展途上国の法制度整備への支援等の現状や今日的課題については、第6章で詳述することとする。

19

第2章

食品安全性確保と消費者

～韓国における農産物への対応を中心に～

第2章 食品安全性確保と消費者～韓国における農産物への対応を中心に～

第1節　本章の目的と課題

　近年、情報通信技術の発達等により、経済のグローバル化が進展している。これにより、国内と国外という感覚がなくなり、国内にいながら海外の情報や商品などに容易に触れられるようになった。一方で、海外サイトからの商品購入に伴うトラブル、海外旅行時のトラブルなど、行動範囲の拡大による問題の発生頻度も高まっている。

　特に、食品の場合は輸入件数の増加に伴い、安全性に関する問題も増加し、消費者の安全性への関心も高まっている。その背景には、輸入食品に関する情報の不足がある。消費者が輸入食品の安全性を判断する場合は、自国内で入手した情報に基づいて判断する。その際、輸入食品の生産国における安全性確保に関する情報、生産者に関する情報は比較的少なく、海外の生産者や輸入業者が提供しない限り、国内でこうした情報を入手することは困難であるといえる。

　そこで、本章では韓国の食品安全性確保に対する対応を考察する。韓国を取り上げる理由としては、次の3点がある。すなわち、①日本同様に食料自給率が低下する中で、輸入食品の安全性に関連した問題が増加していること、②それに伴って消費者の食の安全・安心に対する関心が高まる中で、様々な制度が構築されていること、③国を挙げて食料品輸出に取り組んでおり、安全性確保への対策を講じていることである。

　また、韓国は食品輸出において既存市場（日本や台湾など）への輸出に加え、新規市場の開拓を積極的に進めている。この中には日本と競合している輸出市場もある。そのため、韓国の食品輸出時の安全性確保に関する情報提供も本章の目的の一つである。

　以下においては、主として韓国の関連政府機関が発行した政策資料、統計をもとに考察する。第2節では、食品安全性と韓国の関連法における消費者

の役割等についてみていく。第3節では、韓国の農水畜産物の輸出入動向について考察し、その特徴を明らかにする。第4節では、輸出・輸入時における安全性確保に関する取組みについて考察する。第5節では、これまでの内容をまとめ、課題等について言及する。

第2節　食品安全性の概念と韓国の関連法

1　食品安全性の概念

　通常、食品安全性という場合は「安全性」という言葉がもつ二つの側面を区別せずに使用されることが多い。そのため、「安全性」といいつつも、その一面のみを示している場合もある。そこで、以下においては、安全性がもつ意味を明らかにしておきたい。

　そもそも、食品安全性という場合の「安全性」は、「安全」と「安心」という二つの側面から構成される（図表2-1）。

　まず、「安全」とは、食品に対する具体的な危険が物理的に排除されている状態のことである。たとえば、細菌数が基準値以下、異物が混入していない、残留農薬が検出されないなどといったことである。つまり、安全は具体的な基準が設定され、科学的な管理が可能なものである。しかし、この安全に関する基準は国により異なるため、食品の輸出入においてしばしば問題となる。

　次に、「安心」とは食品に対する心配・不安がない主体的・主観的な心の状態のことである。たとえば、生産者がわかるから大丈夫である、国産を外国産よりも購入する、安全面で問題があると報道された食品を避ける、といったことである。つまり、人の心の状態であるので、科学的に管理することは困難である。したがって、安全面で多

〔図表2-1〕　食品安全性における安全と安心の関係

```
┌─────────────────┐
│    食品安全性    │
│ ┌────┐  ┌────┐ │
│ │安全│  │安心│ │
│ └────┘  └────┘ │
└─────────────────┘
```

出所：筆者作成。

23

少の問題があったとしても、人によっては安全であると判断して消費する場合もある。一方で、その逆もありうる。

これらのことから、安全は科学的に管理が可能であるので、安心に比べて確保するのは容易であるといえる。一方、安心は食品に対する心の状況であり、それには情報が影響を与えるので、食品に対する情報を正確に提供することが何よりも重要になる。つまり、安全性の確保においては、安全の確保を基本として安心を確保することが重要である。

また、食品安全性と関連して「消費者安全」という用語もある。これは、「様々な消費者が危害要因または危害要因から危害が発生しないように措置をとる状態」[1]を意味する。つまり、消費者に危害を与えないようにする面では、食品の安全性確保も同様であり、消費者安全に含まれる概念であるといえる。

したがって、本章では安全性に関する要素のうち、消費者の心理や行動にも影響を与える「安心」に重点をおいて進めることにしたい。

2　消費者問題としての食品安全性問題[2]

ここでは、食品安全性にかかわる問題と消費者問題との関係について明らかにしておきたい。

まず、消費者問題が何であるのかについてみておこう。鈴木によれば、「取引によって入手した商品・サービスを、生活し、生存するために利用・消費することに関わる問題」[3]であるとしている。また、赤星によれば、消費者問題とは「商品・役務が生産、流通、消費の過程において消費者被害あるいは不利益を生じた場合」[4]であると定義される。また、韓国では金ウェ

---

(1) ペ・スンヨン、金ソンチョン、李ギホン、金ヒョンジュ「消費者安全体感指数の開発および算出に関する研究（韓国消費者保護院）」(2006年) 21頁。
(2) 本項は、田村善弘「食品安全分野における行政機関と消費者教育の重要性」研究所報35号 (2013年) 49頁～66頁の内容の一部に加筆・修正したものである。
(3) 鈴木深雪『消費者政策──消費生活論〔第5版〕』(尚学社、2010年) 18頁。

スク・宋インスクが「消費者が消費生活のために物品やサービスを購入、使用する過程で起こる消費者の被害、ないしは不利益」[5]と定義している。

つまり、消費者問題とは消費者の取引時に発生する問題であるとともに、生産・流通・消費の過程で発生するものである。そして、それは、同時多発的に発生するものであるという特徴がある。さらに、この背景には事業者と消費者の間の情報格差がある。これらの問題は個人での解決は困難であり、社会的な解決、つまり行政による解決が必要となる。

このように考えると、これまで発生してきた食品安全性問題も消費者問題の一つの領域であるといえる。なぜならば、大量生産・大量流通・大量消費の中での生産者と消費者の距離が拡大し、それによる情報の非対称性の発生があり、さらに広範囲の問題（集団食中毒、食品偽装問題など）発生という特徴を持っているためである。

先述のように、食品の安全性確保は消費生活の基本であるが、この点が疎かになることにより、様々な問題が発生する。たとえば、食品そのものの化学的・物理的な性質の変化による問題（食中毒など）から、食品に対する誤った情報伝達による信頼の喪失（偽装表示など）など安心にかかわる問題まである。後者の場合は、いったん問題が発生すると、解決までには、膨大な時間と費用を要する。

したがって、こうした問題発生を事前に防止することはもちろん、発生後の迅速な対応が求められる。また、問題発生により被害を受けるのは消費者のみならず、企業等の様々な関係者へと波及する。そして、最終的には大きな社会問題となる場合もある。そのため、全体的な視点から解決に当たることが重要である。

---

(4) 赤星礼子「消費者問題の現状」谷村賢治＝小川直樹編著『生涯消費者教育論――地域消費者力を育むために――〔新版〕』（晃洋書房、2007年）4頁。
(5) 金ウェスク、宋インスク『消費者と消費生活』（韓国放送通信大学校出版部、2011年）81頁。

3 韓国の食品安全性関連法と消費者

　ここでは、韓国の食品安全性関連法(6)において消費者がどのように捉えられているのかを明らかにし、食品安全性確保における消費者の役割について検討する。なお、ここでは〔図表2-2〕に示すように、食品安全基本法、食品衛生法、食生活教育支援法などの法律を対象とした。

　食品が対象とする範囲は広範であるため、様々な法律がかかわっている。食品安全性に関する法律としては、日本同様に「食品安全基本法」が制定されている。そして、同法は国民の責務を「国や地方自治体の食品安全政策の策定・施行に参加し、食品安全政策に対する情報に関して知る権利を有する」（5条の1）と規定している。このほかに、食生活教育支援法は「国民は家庭、学校、地域、その他社会の全ての分野で健全な食生活の実現に努力しなければならない」（4条）と規定している。

　その他の法律では、事業者を規制することで結果的に消費者の保護を目指すというものが多く、消費者が主体的に動いて食品の安全性を確保するということに関連した内容の法律は比較的少なくなっている。

　いずれにしても、食品の安全性確保においては消費者と事業者の間の情報格差をはじめとした格差が大きいことを考慮してか、消費者の主体的な活動を促進するというものもみられるが、事業者側（生産者や流通業者など）を規制して消費者の保護や食品の安全性確保を図るというものが中心になっている。

---

(6) 食品に限らず、一般的に消費者安全という場合に関連する法律としては「消費者基本法」、「品質経営および工産食品安全管理法」、「電気用品安全管理法」、「食品衛生法」がある。詳細は、許慶玉『消費者安全』（教文社、2011年）や法制処ホームページ〈http://www.moleg.go.kr〉を参照のこと。

第 2 節　食品安全性の概念と韓国の関連法

〔図表 2-2〕　韓国の食品安全性関連法における消費者

法律名	目的
食品安全基本法	食品安全基本法食品の安全に関する国民の権利・義務と国および地方公共団体の責任を明確にし、食品安全政策の策定・調整などに関する基本的な事項を規定することで、国民が健康で安全に食生活を営むことができるようにする
食品衛生法	食品により起こる衛生上の危害を防止し、食品の栄養の質的向上を図り、食品に関する正しい情報を提供し、国民保健の増進に資する
食生活教育支援法	食生活に対する国民的認識を高めるために必要な事項を定めることで、国民の食生活改善、伝統的な食生活文化の継承・発展、農漁業および食品産業の発展を図り、生活の質向上に寄与する
農水産物品質管理法	農水産物の適切な品質管理を通して農水産物の安全性を確保し、商品性を向上させ、公正で透明な取引を誘導することで、農漁業者の所得増大と消費者保護に資する
健康食品に関する法律	健康機能食品の安全性確保および品質向上と健全な流通・販売を図ることで、国民の健康増進と消費者保護に資する
農漁業・農漁村および食品産業基本法	国民の経済、社会、文化の基盤である農漁業と農漁村の持続可能な発展を図り、国民に安全な農水産物と品質の良い食品を供給し、農漁業者の所得と生活の質を高める
食品産業振興法	食品産業と農漁業間の連携強化を通して、食品産業の健全な発展を図り、食品産業の競争力を高め、多様で品質の良い食品を安定的に供給することで、国民の生活の質向上と国家経済の発展に資する
子どもの食生活安全管理特別法	子どもたちが正しい食生活習慣を身に付けられるようにするため、安全で栄養がある食品を提供する際に必要な事項を規定することで子どもの健康増進に寄与する

出所：韓国法制処の法律全文公開サイトをもとに筆者作成。

第2章　食品安全性確保と消費者〜韓国における農産物への対応を中心に〜

第3節　韓国における農水畜産物の輸出入動向[7]

1　輸入動向

〔図表2-3〕は韓国における農水畜産物の輸入動向を示したものである。2012年時点での全体の輸入額は、334億2238万6075ドルである。品目別には、農産物が187億1709万693ドル（56.0％）、水産物が39億7527万2077ドル（11.9％）、畜産物が47億2048万8944ドル（14.1％）となっている。このように、輸入額の半分以上が農産物であり、次いで畜産物となっている。

〔図表2-4〕は2012年時点での農水畜産物の上位5位を示したものである。農水畜産物全体では、米国が20.1％、中国が15.8％、豪州が8.6％である。これを農産物、水産物、畜産物の品目別にみると、農産物では米国と中国、水産物では中国とロシア、畜産物では米国と豪州となっている。輸入金額のシェアに占める米国と中国の割合が他国に比べて高くなっており、中でも畜産物での米国の31.7％は2位の豪州と比べて2倍以上となっている。

このように、特定国からの農水畜産物輸入の割合が高い場合、ひとたび安全性に関する問題が発生すると、当該国の農水畜産物に対する消費者の不安が高まることになる。2005年の中国産食品の安全性に関する問題、2008年の米国産牛肉の安全性に関する問題は韓国内の消費者の食品の安全性への関心を高める一つの契機になった。特に、米国産牛肉の問題についてはデモにまで発展した。また、2011年に発生した東日本大震災に伴う原発事故の影響により、日本産の水産物の輸入も減少した[8]。

(7)　林産物は輸出入量が少ないことから、対象から除外した。
(8)　原発事故前の日本産水産物の輸入額は上位5位に入っていた。

第3節　韓国における農水畜産物の輸出入動向

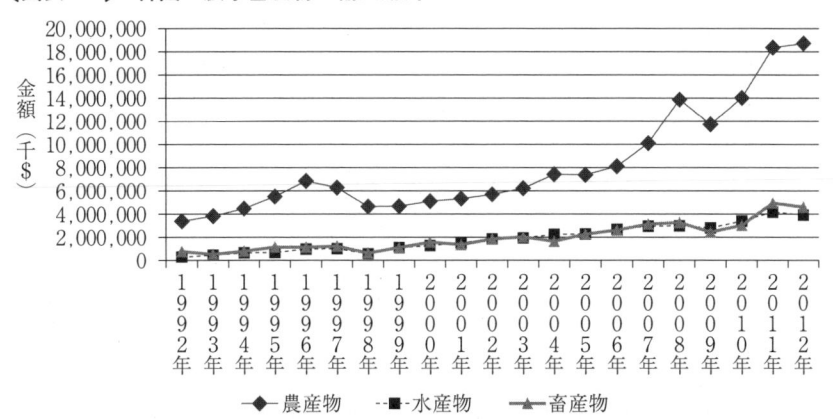

〔図表2-3〕　韓国の農水畜産物の輸入動向

出所：韓国農水産食品流通公社農水産食品輸出支援情報「輸出入統計」（www.kati.net）をもとに筆者作成。

〔図表2-4〕　韓国における農水畜産物輸入先上位5位（2012年）

区分	1位	2位	3位	4位	5位
全体	米国	中国	豪州	ブラジル	カナダ
%	20.1	15.8	8.6	6.7	3.5
農産物	米国	中国	ブラジル	豪州	アルゼンチン
%	23.1	12.6	10.1	9.7	4.9
水産物	中国	ロシア	ベトナム	米国	タイ
%	27.2	16.5	12.8	4.5	3.6
畜産物	米国	豪州	ニュージーランド	ドイツ	カナダ
%	31.7	14.3	10.9	6.5	3.6

出所：韓国農水産食品流通公社農水産食品輸出支援情報「輸出入統計」（www.kati.net）をもとに筆者作成。

第2章　食品安全性確保と消費者～韓国における農産物への対応を中心に～

2　輸出動向

　2012年時点の韓国の農水畜産物の輸出額は、80億606万157ドルである。その内訳をみると、農産物が47億8495万3547ドル（59.8％）、水産物が23億6125万170ドル（29.5％）、畜産物が3億9507万9052ドル（4.9％）となっている。

　〔図表2-5〕は1992年から2012年までの輸出額の推移を示したものである。2001年までは水産物の輸出が多くなっているが、2002年からは、農産物の輸出が年々増加し、49億4083万7414ドルと最高値を記録した。こうした農産物輸出の増加の背景には、この間に政府主導での輸出支援などが行われ、輸出団地の造成や輸出中心に行う生産者を育成してきたことがある。これにより、パプリカや花卉など農産物の中での主な輸出品目が確定していったことなどがあると考えられる。いずれにしても、韓国の農水畜産物輸出では農産物が中心的な品目になっており、農産物の輸出拡大が生鮮食品の輸出において重要になっている。

　〔図表2-6〕は韓国の農水畜産物の輸出先の上位5位を示したものである。ここにみられるように、日本・中国・米国への輸出が集中している。なかでも、水産物と畜産物については、水産物の場合は41.6％が日本、畜産物の場合は33.0％が中国となっている。特に、日本は全ての区分において1割以上を超えるなど、他地域に比べて重要な輸出先となっている。

　以上のように、韓国の農水畜産物の輸出入は特定の国・地域に集中している。輸入は米国と中国、輸出は日本と中国、米国である。そのため、輸入の場合、これらの国からの食品の安全性に問題があれば、社会問題になる。また、輸出面では輸出先で韓国産の食品の安全性に問題があれば、韓国の輸出業者にとって大きな損害を与えることになる[9]。したがって、輸入食品の安全性の確保はもちろん、輸出する食品の安全性の確保も重要な課題となっている。

第 3 節　韓国における農水畜産物の輸出入動向

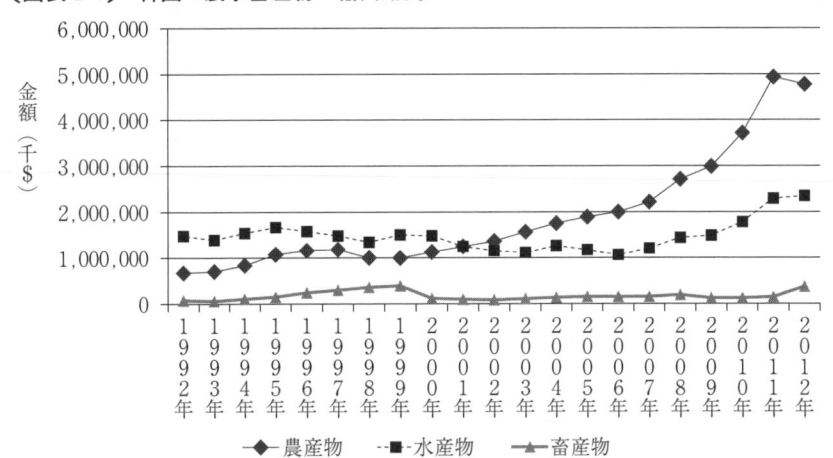

〔図表 2-5〕　韓国の農水畜産物の輸出動向

出所：韓国農水産食品流通公社農水産食品輸出支援情報「輸出入統計」(www.kati.net) をもとに筆者作成。

〔図表 2-6〕　韓国における農水畜産物輸出先上位 5 位（2012年）

区分	1 位	2 位	3 位	4 位	5 位
全体	日本	中国	米国	ベトナム	タイ
％	29.8	16.0	8.3	4.2	3.9
農産物	日本	中国	米国	香港	ロシア
％	27.1	13.7	9.0	4.8	4.8
水産物	日本	中国	タイ	米国	ニュージーランド
％	41.6	15.8	11.0	8.1	3.1
畜産物	中国	日本	ベトナム	香港	米国
％	33.0	14.0	13.1	8.7	6.8

出所：韓国農水産食品流通公社農水産食品輸出支援情報「輸出入統計」(www.kati.net) をもとに筆者作成。

(9)　現在、パプリカに関してはID登録制度が実施されており、登録されていない生産者は輸出できない。制度導入の背景には、2003年のパプリカからの残留農薬検出がある。

31

第2章　食品安全性確保と消費者～韓国における農産物への対応を中心に～

第4節　農産物の輸出入にかかわる安全性確保への対応

1　韓国国内での農産物等の安全性確保

　韓国においても、日本と同様に食品の安全性に対する関心は高い。2008年に米国産牛肉の安全性が問題になった際には、ロウソク集会が起こるなど社会問題化した。牛肉については、日本同様にトレーサビリティ・システムが導入され、義務化されている。もちろん、このほかにも〔図表2-7〕のように、様々な食品に対するトレーサビリティ・システムが構築されている。そ

〔図表2-7〕　韓国で導入されているトレーサビリティ・システムの比較

区分	食品	農産物	牛肉	水産物
範囲	食品の製造・加工段階から販売	農産物を生産段階から販売段階	牛の出生からと畜・加工・販売	水産物の生産段階から販売段階
本格的導入	2009年	2006年	2008年	2008年
根拠法	食品衛生法(2008年6月21日)	農産物品質管理法(2005年8月4日)	牛および牛肉履歴追跡に関する法律(2007年12月21日)	水産物品質管理法(2008年3月28日)
運営機関	食品医薬品安全処　食品安全情報院	農林畜産食品部国立農産物品質管理院　韓国農林水産情報センター	農林畜産食品部市・道知事　畜産物品質評価院	農林畜産食品部国立水産物品質検査院
表示マーク	식품이력추적관리	농산물이력추적관리 TRACEABILITY	쇠고기 이력 추적시스템 BEEF TRACEABILITY SYSTEM	www.fishtrace.go.kr 수산물이력제 Seafood Traceability System
ホームページ	www.tfood.go.kr	www.farm2table.kr	www.mtrace.go.kr	www.fishtrace.go.kr

出所：食品安全情報サービス食品ナラ「食品トレーサビリティ」。

こで、以下においてはこれらのシステムについてみていくことにする。

(1) 牛肉トレーサビリティ

韓国における牛肉トレーサビリティ・システムは、2010年に施行された「牛および牛肉の履歴管理に関する法律」に基づいて実施されている。同法は「牛および牛肉の履歴管理に必要な事項を規定することで、防疫の効率性を図り、牛肉の安全性を確保し、消費者利益の保護および増進と畜産業および関連産業の健全な発展に資すること」（1条）を目的としている。

制度が導入された背景としては、①欧米や日本でのBSE発生に伴う韓国内の消費者の肉類の安全性に対する関心の高まり、②欧米や日本などでの制度実施と疾病管理への利用、③牛や牛肉の衛生・安全性の管理と流通の透明性確保を通した韓国内の畜産業の競争力向上がある。2008年12月22日から飼育段階で実施され、2009年6月22日からはその対象が流通段階へと拡大した。しかし、牛肉のトレーサビリティ・システムは、韓牛産地では法律制定以前から実施され、農協系の量販店でも日本の量販店の導入事例を参考に独自に導入していたケースもあったため、民間の段階では比較的早い段階から導入されていた[10]。

(2) 食品トレーサビリティ・システム

食品トレーサビリティ・システムは、食品衛生法に基づいて実施されている。同法は「食品を製造・加工段階から販売段階までの各段階別に情報を記録・管理して、該当食品の安全性などに問題が発生するおそれのある場合、該当食品を追跡し、原因究明および必要な措置を講じることができるよう管理すること」（2条）と定義している。また、健康食品についても「健康食品に関する法律」で健康食品トレーサビリティ・システムに対する定義がなされている[11]。いずれにしても、生産から消費に至る一連の情報を管理することにより、食品に起因するトラブルを防ぐことを目的としている。

---

(10) これについては、田村善弘、李炳昕、豊智行、福田晋、甲斐諭「韓国の農協小売店における食品の安全性確保の対策」流通19号（2006年）66頁～71頁を参照のこと。

〔図表2-8〕 食品の産地の違いによる情報の比較

韓国産食品	輸入食品
●食品トレーサビリティ管理番号 ●製造工場名と所在地 ●遺伝子組換え食品表示 ●製造日 ●流通期限または品質維持期限 ●生産責任者 ●製品の原材料関連情報（原材料名や成分名、原産地（国名）、遺伝子組換え食品の有無） ●機能性の内容（健康機能食品に限る） ●摂取量、摂取方法や摂取時の注意事項（健康機能食品に限る） ●品質検査機関と会社名 ●品質検査の日時と結果 ●出庫日 ●取引先または到着地の名称 ●回収対象の有無と回収理由	●食品トレーサビリティ番号 ●輸入業者の名称および所在地 ●製造国 ●製造企業名称および所在地 ●遺伝子組換え食品表示 ●製造日 ●流通期限または品質維持期限 ●原材料名または成分名 ●機能性成分内容（健康機能食品に限る） ●摂取量、摂取方法および摂取時の注意事項（健康機能食品に限る） ●回収対象の可否と回収事由 ●その他、輸入業者から公開しようとする情報（ただし、関連法令に違反する内容は除く）

注：流通期限とは日本の消費期限や賞味期限と類似したものである。
出所：安全安心食生活環境サービスをもとに筆者作成。

このシステムは、一般の食品と健康機能食品の2つについて、それぞれの法律で規定している。食品の情報収集においても、韓国産か輸入食品であるかにより、収集する情報が異なってくる。この場合、韓国産食品の場合が輸入食品に比べて記載する情報が多くなっている。

(3) 豚肉トレーサビリティ

上述のように牛肉のトレーサビリティ・システムへの対応は義務化されて

---

(11) 同法では「健康機能食品を製造段階から販売段階までの各段階別に情報を記録・管理し、当該健康機能食品の安全性などに問題が発生するおそれのある場合、当該健康機能食品を追跡し、原因究明および必要な措置を講じることができるように管理すること」とされており（2条）、食品の場合と同様の定義となっている。これらの詳細については、安全安心食生活環境サービスホームページ〈http://www.tfood.go.kr〉と食品安全情報サービス食品ナラホームページ〈http://www.foodnara.go.kr〉を参照のこと。

第4節　農産物の輸出入にかかわる安全性確保への対応

〔図表2-9〕　豚肉トレーサビリティ・システムの体系図

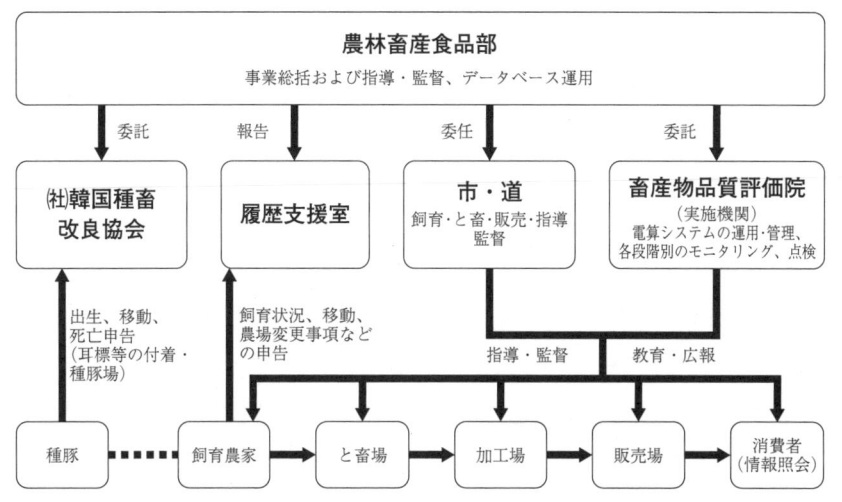

```
                        農林畜産食品部
              事業総括および指導・監督、データベース運用
        │委託      │報告        │委任          │委託
        ▼          ▼            ▼              ▼
   ㈳韓国種畜     履歴支援室     市・道        畜産物品質評価院
    改良協会                  飼育・と畜・販売・指導  （実施機関）
                                   監督       電算システムの運用・管理、
                                              各段階別のモニタリング、点検

  出生、移動、    飼育状況、移動、
  死亡申告       農場変更事項など
  （耳標等の付着・   の申告          指導・監督      教育・広報
   種豚場）
  ┌───┐   ┌─────┐   ┌───┐   ┌───┐   ┌───┐   ┌───┐   ┌─────┐
  │種豚│──▶│飼育農家 │──▶│と畜場│──▶│加工場│──▶│販売場│──▶│消費者   │
  └───┘   └─────┘   └───┘   └───┘   └───┘         │(情報照会)│
                                                              └─────┘
```

出所：豚肉トレーサビリティ・システムホームページをもとに筆者作成。

いる。このほかにも、豚肉のトレーサビリティ・システムへの取組みも進められている。豚肉については、農協レベルでのシステム[12]のほか、農林畜産食品部が進めているものもある。ここでは、後者について述べていきたい。

　まず、豚肉トレーサビリティ・システムの目的としては、①口蹄疫などの家畜疾病の効率的な防疫を通した養豚産業の保護、②口蹄疫等の発生時における消費者の不安解消・信頼確保、③豚肉の需給政策の基礎資料と防疫の効率性を高める、という3点がある。2013年現在では試験段階にある。日本では任意となっているが、カナダ、オランダ、デンマークなどの国々では導入されている[13]。

　〔図表2-9〕にあるように、実施機関は畜産物品質評価院である。事業には、地方自治体（市・道）、韓国種畜改良協会が参加している。全体的な事

---

(12)　この例としては、釜慶養豚農協のものがある。詳細は同農協のホームページ〈http://trace.pkpork.co.kr/〉を参照のこと。
(13)　豚肉トレーサビリティ・システムホームページ〈http://pig.mtrace.go.kr/〉。

第2章　食品安全性確保と消費者〜韓国における農産物への対応を中心に〜

業の総括は農林畜産食品部が担当している。また、本事業で収集され、消費者へ伝達される情報としては、豚の移動や出生地などがあり、最終段階の消費者のもとでは豚肉の履歴が確認できるようになっている。

このほかにも農産物のトレーサビリティ・システムがある。実施は任意となっているが、GAPを取得する場合は農産物トレーサビリティ・システムへの対応は必須である。さらに、食品の輸出を行う生産者の場合は、輸出相手国からの要求や安全性のアピールなどの目的から積極的に対応するところが増えている。さらに、食品安全性に関する情報は政府機関別に関連するサイトで提供されている。

2　輸出食品の安全性確保

韓国の食品の輸出では、国内での安全基準に則った生産に加えて、相手国が要求する基準等の取得を行っている。特に、輸出主力品目とされている農産物については、生産段階からマニュアル等を用意し、それに基づいて生産を進めている。ここでは、韓国の輸出ブランドである「フィモリ」と食品基準の同等性への対応についてみていくことにする。

　(1)　**フィモリ**[14]

フィモリとは、農水産食品流通公社によると「安全生産、安定供給、安心消費を目指している高品質農産物ブランド」[15]である。これとも関連するが、栽培、収穫、品質、選別、包装、安全性などがマニュアル化され、厳格に管理されている。

2013年9月現在、フィモリの対象農産物は、パプリカ、いちご、梨、りんご、菊、スプレーバラ、ユリ、サボテン、エリンギ、エノキダケ、キムチの11品目である。これらの品目は韓国の輸出主力品目となっている。先述のよ

---

(14)　フィモリとは、韓国の伝統音楽であるパンソリのクライマックスを奏でるリズムのことである。ここから、本ブランドの場合は最高品質を示すものであるという意味で使用されている。
(15)　農水産食品流通公社「フィモリ」ホームページ〈http://whimori.at.or.kr/〉。

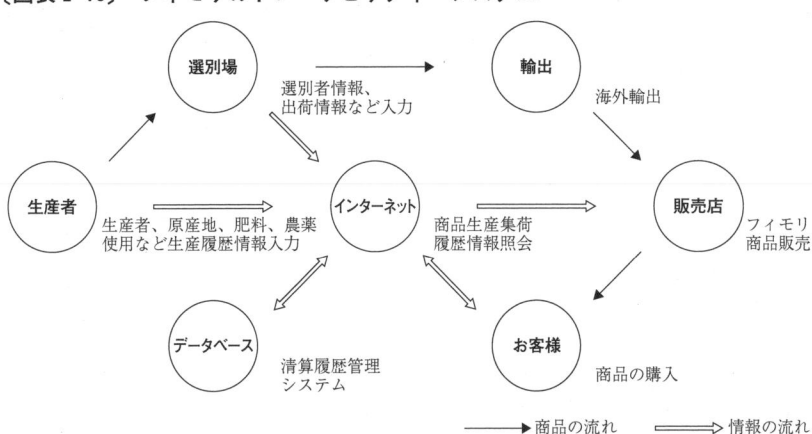

第4節 農産物の輸出入にかかわる安全性確保への対応

〔図表2-10〕 フィモリのトレーサビリティ・システム

出所：フィモリホームページ〈http://whimori.at.or.kr/〉。

うに、これらの品目は生産物の品質管理とともに、厳格な農家管理も行われている。

〔図表2-10〕のように、農産物の履歴管理が行われ、生産履歴IDをもとにした生産情報の遡及が可能になっている。また、IDは〔図表2-11〕のように12桁の数字から構成される。これをもとに生産履歴が管理される。生産履歴として収集される情報としては、生産者情報、商品情報、栽培情報がある。

まず、生産者情報には生産者名、農家名、連絡先、生産者紹介、写真などがある。商品情報は、商品名、品種名、等級、その他の事項である。栽培情報は、播種日、定植日、出荷日、水質検査、農薬検査、鮮度維持、安全管理などである。

この詳細は、フィモリのホームページから確認することができる。つまり、消費者が必要に応じて、生産農家の詳細な情報、安全性確保への対応を確認することが可能である[16]。このように、主力輸出品目を選定し、その品質基準や生産内容を明確にし、輸出農家を管理することにより、高品質の農産

第2章　食品安全性確保と消費者～韓国における農産物への対応を中心に～

〔図表2-11〕　生産履歴情報 ID

年度	品目	業者	契約栽培地	農家
登録年度 （2桁）	商品品目 （2桁）	輸出業者 （2桁）	栽培地域 （3桁）	栽培農家名 （3桁）

出所：フィモリホームページ (http://whimori.at.or.kr/)。一部改変。

物が生産できるようにしている。

(2)　食品安全基準の同等性への対応——GAPを中心に——

輸出時は、輸出先の消費者や流通業者の要求に合わせて生産し輸出するが、その際に問題になるのが、当然ながら輸出先の安全性に関する基準を満たしているかどうかである。場合によっては、自国にはない輸出先の認証の取得を求められ、認証の取得に追加的な費用が必要になることがある。この場合、自国と輸出先国との制度の同等性が確認されていれば、確認されていない場合に比べて、比較的容易に輸出することが可能となる。ここでは、GAPを中心にみていきたい。

韓国におけるGAPは2006年から本格的に導入されている。目的は、生産から販売までの農産物の安全性管理と消費者への安全安心な農産物の供給である。このほかにも、国内の消費者の農産物に対する信頼構築と国際市場での韓国産農産物の競争力強化も目的としている。制度の導入の背景には、韓国国内での一部生産者の過剰な農薬散布に関する報道、キムチ寄生虫事件や学校給食の安全性に関する問題など、農産物の安全性に関する問題の発生がある。これにより、韓国産農産物の安全性を向上させる必要が出てきたことがある。

韓国のGAPの同等性確認に対する動きとして、農水産食品流通公社とGLOBAL GAPの同等性の確認がある。すでに、日本ではGLOBAL GAP

(16)　たとえば、全羅北道のパプリカ農家の例をみると、栽培規模、認証を受けた日、残留農薬等の情報を確認することができる。安全性管理に関する項目もあり、輸出パプリカ安全性管理指針（農食品部）、韓国GAP、㈱農産パプリカ品質管理マニュアル、フィモリマニュアルの安全管理基準の遵守とある。

第4節　農産物の輸出入にかかわる安全性確保への対応

とJGAPとの同等性が確認されているが、韓国では農水産食品流通公社がat KOREA GAPとGLOBAL GAPの同等性の確認の申請を2008年12月に行った。それから3年後の2011年1月に両者の同等性を認める協約を締結した。これにより、認証期間の短縮、滞在費用・審査費、コンサルティング費用などの節減が期待されているる[17]。

また、韓国の農産物の輸出において、日本は重要な輸出市場の一つとなっている。日本への輸出を行う生産者の中には日本への輸出拡大と品質に対する信頼向上を目的として、有機JAS認証を取得しているところもある。な

〔図表2-12〕　Korea GAPとaT Korea GAPの比較

区分		Korea GAP	aT Korea GAP
目的		農産物の安全性確保および農業環境の保全	輸出農産物の安全性確保、競争力強化
認証	対象品目	国内で栽培した食用可能な農産物	果物、野菜　188
	管理基準	50項目（必須27、推奨24）	174（95、59、20）
	所有者	農村振興庁	農林水産食品部
	申請類型	個人の農業者、農業者団体	GLOBAL GAPの規定遵守
	認証マーク	包装紙に表示またはステッカーの貼付	GLOBAL GAPの規定遵守
認証機関	指定	政府主導（農産物品質管理院）	GLOBAL GAPの規定遵守
	指定の根拠	農産物品質管理法	GLOBAL GAPの規定遵守
	指定数	aTなど43カ所（2010年11月時点）	―
	審査員	法律上は5人（常勤2名を含む）	GLOBAL GAPの規定遵守
	審査回数	現場審査、事後管理を含む3回	GLOBAL GAPの規定遵守
管理施設		農産物品質管理法（農産物品質管理院指定）	Korea GAP適用
制裁措置		是正命令、表示停止、認証取消	GLOBAL GAPの規定遵守

出所：農林水産食品部（現・農林畜産食品部）報道資料。

お、韓国には親環境認証制度があり、その中には有機農産物の認証制度がある。しかし、日本と韓国の間の制度の同等性の確認が行われていない[18]。そのため、韓国の生産者の中には有機JAS認証を取得して輸出しているところもある。しかし、取得のための費用負担や更新の際の費用負担が課題となっており、自治体等が支援するほか、関連制度を活用する必要があるとの指摘もある[19]。

第5節　結　論

　本章では韓国を事例として、食品安全性に関する法律、それに関連する取組みをみてきた。食品安全性に関する法律の制定、トレーサビリティ・システムの導入など食品安全性の確保といった取組みは、韓国国内の消費者の食品安全性確保のみならず、食品の輸出面においても重要な意味をもつものである。

　農水畜産物の輸出でみたように、韓国は日本と同様に食料を中国や米国から輸入している一方で、これらの地域への食品を輸出している。輸出については、日本への輸出の割合も高くなっていた。そして、輸出においてはフィモリにみられるように、厳格な品質管理のもと、輸出用農産物の生産などを行い、国内の食品安全性に関する基準と国外の基準との同等性の確認、最大輸出先である日本の認証の取得などを行っていた。

　もちろん、これらの取組みに課題がないわけではない。法制度が整備され、

---

(17)　外国の認証機関による認証の場合は10カ月で2700万ウォンであるが、農水産食品公社の場合は2カ月で700万ウォンである（農林水産食品部報道資料「農産物先進国輸出に必要なGLOBAL GAP認証が容易に」2010年2月14日）。
(18)　2013年7月時点で有機JASの同等国となっているのは、アメリカ合衆国、アルゼンチン、オーストラリア、スイス、ニュージーランド、およびEU加盟国であり、このなかに韓国は含まれていない。
(19)　詳細については、金テギュン、チョ・ジェファン「農産物輸出拡大：有機JAS認証制度活用」視線集中GS&J58号（GS&J Institute、2008年4月）を参照のこと。

第5節 結 論

食品安全性に対する情報の発信が行われているが、誤った情報による混乱は生じており、食品安全性に対して不安を感じている消費者は依然として多い。また、輸出先の消費者についても、その食品に対する情報が十分に伝わらず、現地で報道される情報の影響を受け、なかなか消費には結びつかないという事態も生じている。

したがって、韓国国内での対応に加え、輸出先の消費者に対するアピールも課題となっている。先述のように、食品安全性の確保では消費者の安心を確保することが何よりも重要である。今後は、制度面での改善に加えて、消費者への食品安全性に関する教育が重要になっていくといえる。

第3章
伝統的な消費者インフラの提供主体の考察

―― 航空輸送産業 ――

第3章 伝統的な消費者インフラの提供主体の考察——航空輸送産業——

第1節 はじめに

　1980年代以降、日本では経済的規制の緩和が進行し、現在では原則として経済的規制の廃止が政府の基本方針となっている（以下では、経済的規制を単に「規制」と呼ぶことにする）。

　多くの産業で規制緩和が進んできた背景を簡単に紹介しておくと、第1に電気通信分野にみられるように技術革新が急速であること、第2に電力産業や都市ガス産業におけるように産業の全ての段階で自然独占[1]が成立するわけではないこと、第3に従来の規制の下で経営の非効率性が生じる可能性があること、第4にいくつかの分野では自然独占が成立していないにもかかわらず規制が課せられてきたこと、そして第5に企業のグローバル化、国際的競争が起こり、日本でも規制緩和を進める必要があったこと等があげられる。

　かくして日本のさまざまな産業で規制緩和が行われた結果、国民の生活を支える伝統的なインフラ産業についても競争が起きている。これまで、インフラ産業は強い規制がかけられていたため安定的な経営環境にあると考えられたが、規制緩和・競争導入によって価格面、シェア、リスクなど様々な面に変化が生じている可能性がある。そこで、本章ではインフラ産業の中でも事業活動を国際的に行っているグローバルな産業として、航空輸送産業を取り上げ、規制緩和前後の変化を多面的に考察したい[2]。

---

(1) 自然独占とは、長期平均費用が逓減する時、最初に操業している企業が、後続の同じ技術で生産する企業よりも低い平均費用で創業可能となり、結果として後続企業の参入が阻止され、独占が形成される状況を指す（村上秀樹＝加藤一誠＝高橋望＝榊原胖夫編著『航空の経済学』（ミネルヴァ書房、2006年）78頁〜79頁参照）。この場合、何らかの規制をかけて、資源配分上の損失をなるべく少なくすることが望ましい。

(2) インフラ産業としては、電力産業、都市ガス産業、航空輸送産業などいくつかの産業が挙げられる。電力産業や都市ガス産業では、大口需要に関しては自由化が行われたが、家庭などの小口需要に関しては地域独占の色が残っている。一方、航空輸送産業では、自由化によって現在ではいくつもの航空会社が存在する状況となっている。

第2節　航空輸送産業の規制緩和

　航空輸送産業の規制緩和の影響を分析するにあたって、ここで航空輸送産業の規制緩和の状況を概観する。

　従来までの航空輸送産業は航空機、エンジン、高価な空港の機材、設備の購入等により非常に巨大な固定設備（巨額の固定費用）を必要とする産業と捉えられており、自然独占が成立すると考えられていた。そのため航空輸送産業では参入規制および価格規制がかけられていた。しかしながら、金融技術を含む技術革新が進展し、1機あたり数十億円から数百億円するジェット機をリースで調達できるようになった。これにより航空輸送産業の巨額の固定費用を圧縮することができるようになった[3]。また1970年代中旬以降に、こうした現実を理論的に支えるようにコンテスタブル・マーケット理論[4]が登場し、その当初は航空輸送市場がコンテスタブルな状況に近いと考えられていたこともあり、日本では1980年代後半から規制緩和が進められた。

　日本の航空輸送産業の参入規制については、従来まで路線ごとの免許制で厳しい規制がかけられており、日本航空、全日本空輸および東亜国内航空（日本エアシステム）の航空3社の棲み分け（事業範囲）を定めた45・47体制（航空憲法とも呼ばれる）[5]が存在したが、この制度が1986年に廃止された。同年6月、同一路線で複数の航空会社が運航するダブル・トリプルトラッキング化が実施された。これによって、路線別の年間利用者数に基づく基準が

---

(3)　竹田聡「株式市場から見た航空業の規制緩和――イベントスタディ法による検証――」年報財務管理研究18号（2007年）82頁～87頁参照。
(4)　コンテスタブル・マーケットとはサンクコストがゼロ（参入・退出が自由）な市場のことをいう。この市場で仮に既存企業に超過利潤が発生していれば、企業が参入し、利潤を得た後にすみやかに退出する（hit and run戦略）。したがって、既存企業は（潜在的な）競争圧力を意識して行動せざるを得なくなるので、独占や寡占の状態であっても完全競争と同じ状態で均衡する。
(5)　45/47体制という名称は、1970年（昭和45年）の閣議了解と1972年（昭和47年）の政府通達により、本制度が実現したことに由来する。

第3章 伝統的な消費者インフラの提供主体の考察——航空輸送産業——

設けられ、空港容量が許す場合にその基準に従って国内路線での参入が認められることとなった。この規制緩和により全日本空輸が主に運航していた国内路線への乗り入れが進み、競争促進の状況は1992年度までに3社運航路線が10路線増加し15路線に、2社運航路線が実質的に2路線増えて22路線となった。また、それまで原則的に日本航空1社が運航していた国際路線においても、運輸政策審議会答申による2国間協定を通じて複数社体制への移行が進んだ[6]。この規制改革により初めて航空市場へ競争が導入されることとなった。その後2000年2月には改正航空法の施行に伴い、航空自由化が実施された。これによって、需給調整規制が廃止になり、路線ごとの免許制から事業ごとの許可制へと参入基準が緩和された。後で示すように、ダブル・トリプルトラッキング基準の廃止、航空自由化後には新規参入の路線数、航空事業者の数が増えている。

　次に、価格規制については、従来までは認可制が採用されており、全ての航空運賃の設定や変更に政府の認可が必要であった。また認可制の下での総括原価主義が採用されていた。これが1990年に同一距離同一運賃を適用する標準原価方式に改められたものの認可制は継続されていた。本格的な価格規制の緩和は1996年6月に、幅運賃制度が導入されたことに始まると考えられる。これにより、路線ごとに設定された標準原価を基準として一定の幅をもって航空各社が自主的に運賃を決定し、届け出ることができるようになった。なお、1996年時点ですでに参入規制が緩和されているため、この価格規制の緩和によって既存事業者と新規参入者の価格競争が一層激しくなることが予測される。後で示すように、この時期以降の日本ではバラエティに富んだ航空運賃が登場することとなる。また、2000年2月に航空自由化が行われたことで、価格規制は認可制から事前届出制へ移行した。これ以降、運賃水準の低下と多様な割引運賃が登場している。

---

(6) 山内弘隆「航空輸送」金本良嗣＝山内弘隆編『講座・公的規制と産業④交通』(NTT出版、1995年)参照。

第3節　規制緩和後の市場環境

以下では、規制緩和後に実際に市場環境がどのように変化したかを図表に示す。

第3節　規制緩和後の市場環境

1　航空会社数の推移

航空業界で規制緩和が進めば、新規参入が起こり、航空会社の数は増えると予測される。そこで航空会社の数の推移を見てみよう。

〔図表3-1〕には、1997年から2003年までの航空会社の数の年次推移を示し、どの程度新規参入が起こっているのかをまとめている。ここでみられるように、ダブル・トリプルトラッキング基準が廃止され、参入規制が大幅に緩和された1997年度以降、航空会社の数は右肩上がりに増えていることがわかる。具体的には、1998年度にはスカイマークエアラインズが福岡―羽田間で運航を開始し、北海道国際航空（現エア・ドゥ）が新千歳―羽田間で参入した。1999年度には天草航空が天草―福岡、熊本間で就航した。次いで2000年度にはフェアリンク（現IBEXエアラインズ）が仙台―大阪間に参入した。2001年度には壱岐国際空港が長崎/壱岐―福岡間で参入した。2002年度にはスカイネットアジア航空（ソラシド・エア）が東京―宮崎間で、2003年度にはオレンジカーゴが羽田―鹿児島、エアァシェンペクス（現エアトランセ）が函館―帯広間に参入した。また、ここには載せていないが、2012年に入ってから、エアアジアジャパン、ジェットスタージャパン、ピーチアビエーションなどのローコストキャリア（LCC）が日本の航空市場に参入した。

このように、規制緩和が行われてから、続々と新規参入者が現れている[7]。それでは規制緩和後に航空輸送産業の運賃はどのように変化したのだろうか。以下では、その点を見てみよう。

---

(7)　現在、壱岐国際空港やオレンジカーゴは航空市場から休止・撤退している。このことは航空事業者同士の競争の激しさを表しているかもしれない。

第3章 伝統的な消費者インフラの提供主体の考察──航空輸送産業──

〔図表 3-1〕 航空会社数の推移

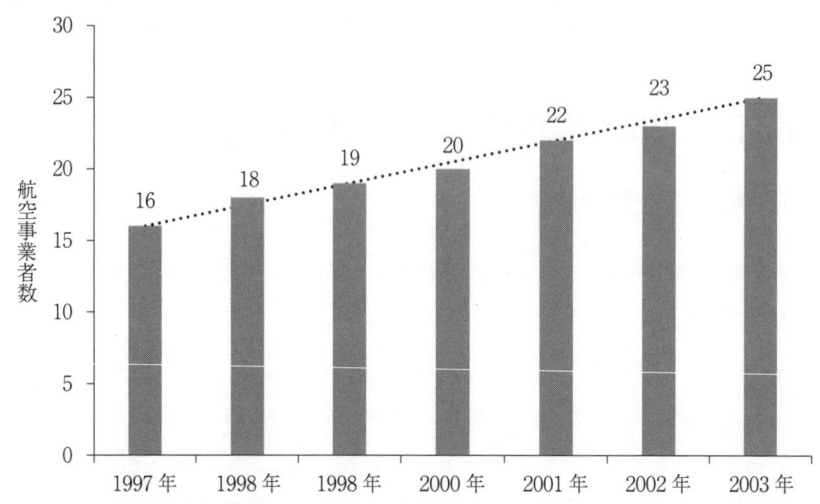

年	航空事業者数
1997年	16
1998年	18
1998年	19
2000年	20
2001年	22
2002年	23
2003年	25

出所：国土交通省「国内航空における規制緩和──改正航空法による規制緩和の検証──」(2005年)。

2 航空運賃のバラエティ

〔図表 3-2〕では運賃バラエティがどのように変化したかを示した。これをみると1994年時点では運賃の種類は普通運賃、往復割引、回数券運賃の3種類とかなり限られているが、2000年に価格規制が認可制から事前届出制になってからは、事前購入割引、特定便割引、バーゲン型運賃、インターネット割引、シャトル往復運賃などのさまざまな料金メニューが登場し、顧客の料金の選択肢が一気に拡大している。さらに、2004年になるとバースデー割引や結婚日割引など特定の顧客向けの割引も行われるようになり、運賃のバラエティが一層豊富になったことがわかる。また、最近ではこうした運賃割引をさらに進化させた別の新しい割引運賃も考えられている。たとえば、日本航空や全日本空輸で採用されている乗継割引である。これは、特定の路線を出発日の同一日中に乗り継ぐ場合に利用できる割引制度で、事前に航空チ

48

〔図表 3-2〕 運賃バラエティの変化

1994年度	2000年	2004年	
普通運賃 往復割引 回数券運賃	普通運賃 往復割引 回数券運賃 事前購入割引 特定便割引 バーゲン型運賃 インターネット割引 シャトル往復運賃	普通運賃 往復割引 回数券運賃 事前購入割引 特定便割引 バーゲン型運賃 インターネット割引 シャトル往復運賃	チケットレス割引 バースデー割引 結婚記念日割引 1日乗り放題 突然割引・タイム割引 マイル割引 特別席専用運賃

出所：国土交通省「国内航空における規制緩和——改正航空法による規制緩和の検証——」(2005年)。

ケットを予約購入することで運賃の割引率が上がるものである。いわば事前購入割引の進化版ともいえるだろう。この割引制度を使えば、直行便がない路線を頻繁に利用する顧客もお得に飛行機を乗り継ぐことが可能になる。

このように、航空各社が工夫して会社独自の様々な運賃を顧客に提示し、航空産業の価格競争が拡大していけば、それに伴って航空運賃の水準も変化すると考えられる。そこで以下では、規制緩和後の日本の航空輸送産業の運賃水準と欧米諸国の運賃水準を比較する。

3 航空運賃

〔図表 3-3-1〕は日本と欧米諸国の航空運賃の水準を為替レート換算し、比較したものを表している。普通運賃については、(日本を100としたとき)アメリカは448、イギリスは201、ドイツは253、フランスは170とかなり高い値を示している。したがって、日本の航空運賃はこれらの欧米諸国に比べてかなり割安な水準であることがわかる。特にアメリカとの内外価格差は非常に大きい。また、日本の最低運賃については、アメリカ・イギリス・フランスに比べてやや割高な水準にあるものの、その差は小さく、ドイツについては日本と同じ運賃水準にある。これらは、購買力平価換算された〔図表 3-3-2〕の運賃でみても同じような結果になっている。普通運賃は為替レート換

第3章 伝統的な消費者インフラの提供主体の考察——航空輸送産業——

〔図表3-3-1〕 航空旅客輸送の内外価格差〜為替レート換算〜

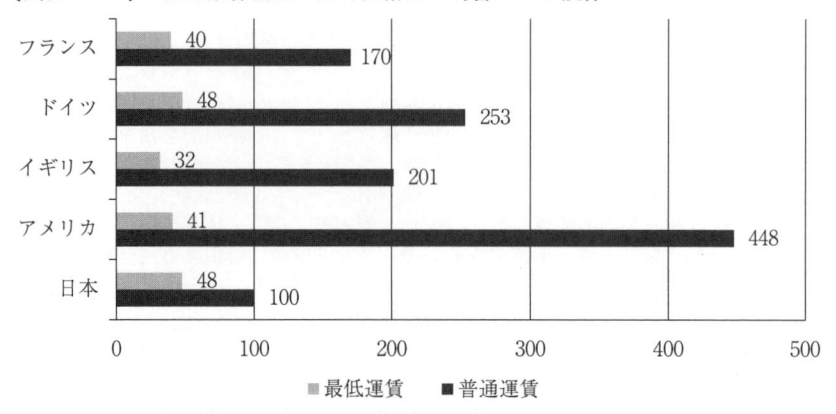

国	最低運賃	普通運賃
フランス	40	170
ドイツ	48	253
イギリス	32	201
アメリカ	41	448
日本	48	100

〔図表3-3-2〕 航空旅客輸送の内外価格差〜購買力平価換算〜

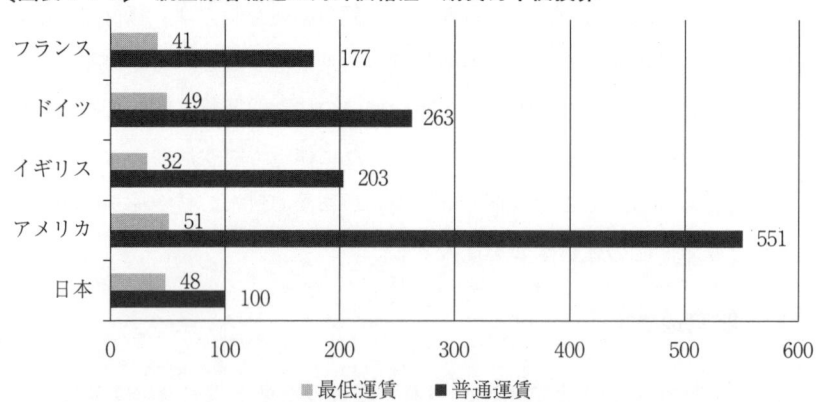

国	最低運賃	普通運賃
フランス	41	177
ドイツ	49	263
イギリス	32	203
アメリカ	51	551
日本	48	100

出所：国土交通省「旅客運送サービスに係る内外価格差調査結果（概要）」(2007年)。
注：2006年11月時点の日本の普通運賃を100として比較している。比較対象となっている運賃は400〜800km未満である。なお、〔図表3-3-1〕はIMFの2006年11月平均為替相場で換算されており、当時1ドル（アメリカ）＝117.81円、1ポンド（イギリス）＝227.70円、1ユーロ（ドイツ・フランス）＝153.65円である。〔図図3-3-2〕はOECDによる2006年時点の購買力平価推定値で換算されており、1ドル＝144.90円、1ポンド＝230.00円、1ユーロ＝159.80円である。

算で見たときより内外価格差がより大きくなっており、最低運賃については、日本はイギリスとフランスよりもやや割高ではあるが、アメリカ、ドイツよりも低い水準となっている。これらの結果は日本で運賃バラエティが増え、価格競争が起きていることを示唆した一つの結果といえるだろう[8]。

ここまでのデータで示したように、日本の航空輸送産業で規制緩和が実施されたことで新規参入者が現れ、価格競争が起こり、航空運賃が下がっていることがわかった。このように運賃が低下していけば、それに伴って飛行機は他の輸送手段に比べて利便性の高いサービスになっていくだろう。では、実際に規制緩和後に飛行機の利用者は増えたのだろうか。以下では、この点についても見てみよう。

4 航空機の利用者数

〔図表3-4-1〕は国内路線の利用者数の推移を示している。ここで示されているように、幹線とローカル線の合計で見た国内路線の旅客輸送数は2006年まで伸び続けている。これは規制緩和によって運賃が低下した結果、利用者数が増えたことを示唆している。また、2006年を機に旅客数に若干の減少傾向がみられるものの、2012年に入ってからは、その数は再度伸びている。このことは、2012年に入ってのローコストキャリア3社(エアアジアジャパン、ジェットスタージャパン、ピーチアビエーション)の日本の航空市場参入が強く影響している可能性がある。ローコストキャリアは、その名のとおり徹底的なコストカットによって、低いコストを実現し、驚異的な航空運賃の安さを実現している格安航空会社のことである。したがって、これらの会社が日本の航空市場に参入すれば、価格競争が起きて航空運賃が下がると想像できる。結果、それまで長距離の移動に鉄道(新幹線)を利用していた消費者も顧客として航空市場に取り込み、利用者数が増加したと推察される。ま

---

(8) ここでは国同士で横断的に運賃水準を比較したが、運賃水準の変化を規制緩和前後で時系列的にみることも有益である。この点は今後の課題の一つとしたい。

第3章 伝統的な消費者インフラの提供主体の考察——航空輸送産業——

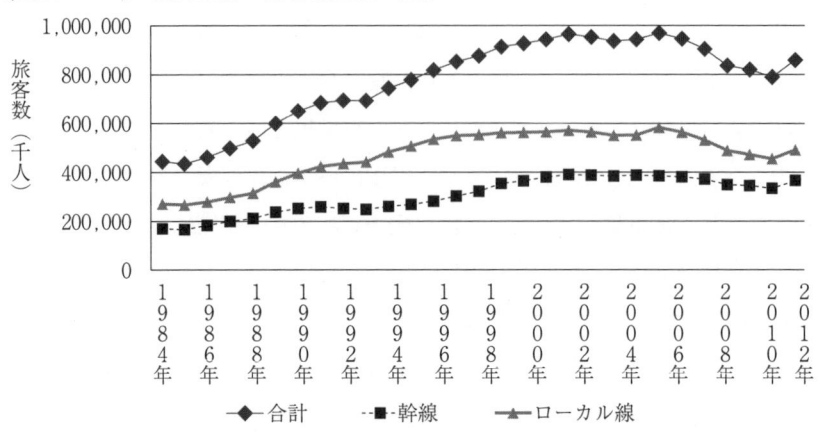

〔図表3-4-1〕 国内路線の旅客輸送数の推移

━◆━合計　--■--幹線　━▲━ローカル線

た、旅客数の変化を幹線とローカル線で分けてみると、ローカル線のほうで旅客数が多く、幹線はそれよりも少ない。また両路線とも増加傾向で同じように推移している。ただ、1980年代には幹線とローカル線の旅客数の差が小さかったが、規制緩和の行われた1990年から2000年代半ばまでは、その差が大きくなっていることがうかがえる。したがって、規制緩和後の国内路線の合計旅客数の増加に寄与したのはローカル線といえる。

次に、国際路線の旅客数の推移を示した〔図表3-4-2〕では、国内路線のものと同じような推移の仕方であり、規制緩和後もおおむね旅客数は増加傾向である。2000年までは順調に増加し、1954万人ほどの旅客数であったが、2001年以降に旅客数が極端に減っている部分もみられる。これは、2001年9月11日に起こったアメリカの同時多発航空機テロが影響していると思われる。またこの時期には、海外路線ほどではないが、国内路線においても若干の旅客数の減少がみられている[9]。

このように規制緩和後に旅客数の増加傾向が表れている。では、規制緩和

---

(9) また規制緩和とは関係ないが、2003年あたりに旅客数が減少しているのはSARS（鳥インフルエンザ）なども影響していると考えられる。

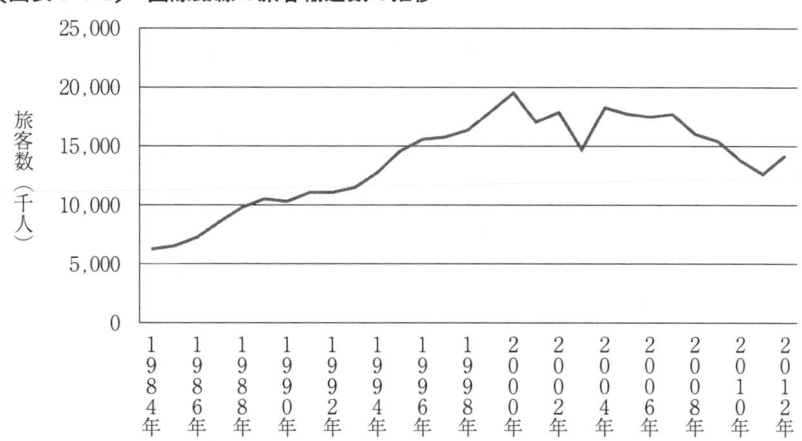

〔図表3-4-2〕 国際路線の旅客輸送数の推移

出所：航空輸送統計調査をもとに筆者作成

後に全体の旅客数が伸長して、各航空会社のシェアはどのように変化したのだろうか。この点もあわせて見てみよう。

5　航空各社のシェア

　日本国内の主要路線は羽田発着枠であることを踏まえて、〔図表3-5〕には当該発着路線における旅客輸送シェアを示した。

　〔図表3-5〕をみると1999年度には1.8％ほどであった新規航空会社の参入が自由化後に6.7％になっており、およそ3.7倍に増加している。

　このように航空輸送産業における新規参入の増加率のみに注目すれば、新規参入者がシェアを獲得しているように思える。しかしながら、新規参入の航空会社3社のシェアと既存の航空会社2社のシェアを比較すると、新規参入企業のシェアは相対的にはかなり低い水準にとどまっている。

　なお、2003年度において日本エアシステムが存在していないのは、2002年に日本航空と合併しているためである。実際、1999年度の日本航空と日本エアシステムの航空輸送シェアの合計と2003年度の日本航空のシェアは、ほぼ

第3章　伝統的な消費者インフラの提供主体の考察——航空輸送産業——

〔図表3-5〕　航空会社の旅客輸送シェア～羽田発着路線～

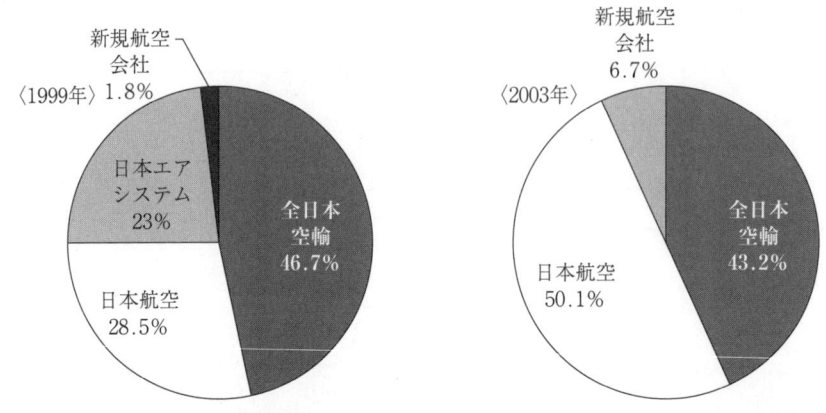

〈1999年〉
- 新規航空会社 1.8%
- 日本エアシステム 23%
- 全日本空輸 46.7%
- 日本航空 28.5%

〈2003年〉
- 新規航空会社 6.7%
- 全日本空輸 43.2%
- 日本航空 50.1%

出所：国土交通省「国内航空における規制緩和——改正航空法による規制緩和の検証——」(2005年)。

同様の水準である。この間、全日本空輸のシェアはわずかながら低下している。これらの結果から、自由化後に新規参入は進んでいるが、航空輸送産業全体における新規参入者のシェアは1999年度から2003年度にかけて、それほど大きく変化していないようにも思える。

6　航空と鉄道の旅客輸送シェア

次に、長距離を運航することの多い航空輸送産業の主な競争相手として、鉄道業の旅客輸送シェアの変化をみてみよう。

〔図表3-6〕は日本の主要都市である東京と大阪間の旅客輸送シェアについて、鉄道と航空で5年ごとに比較したものである。一貫して、航空よりも鉄道の旅客輸送量のほうが多いことがうかがえる。たとえば、1990年（1995年）には鉄道旅客輸送はおよそ910万人（730万人）ほどであるのに対して、航空旅客輸送量はそのおよそ5分の1の180万人（140万人）程度である。しかしながら、その後1996年に航空業界における幅運賃制度の導入があった。ここから航空業界における東京－大阪間の旅客輸送数は大幅に伸びており、

第3節　規制緩和後の市場環境

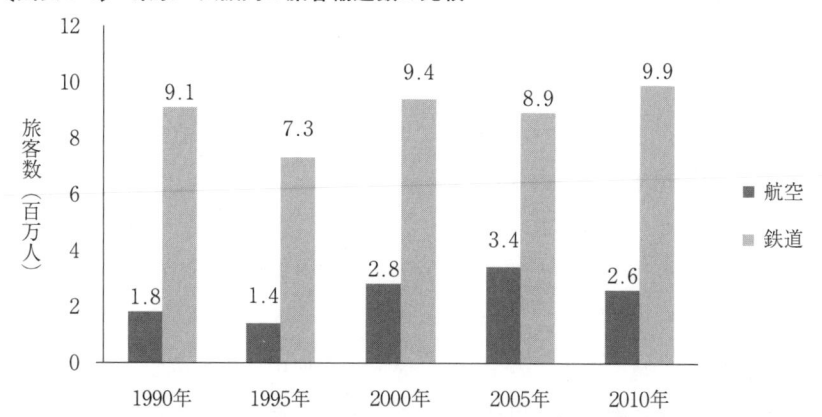

〔図表3-6〕　東京―大阪間の旅客輸送数の比較

年	航空	鉄道
1990年	1.8	9.1
1995年	1.4	7.3
2000年	2.8	9.4
2005年	3.4	8.9
2010年	2.6	9.9

（旅客数：百万人）

出所：国土交通省「第5回全国幹線旅客純流動調査：幹線旅客流動の実態～全国幹線旅客純流動データの分析～」（2010年）。

2000年には1995年のおよそ2倍の280万人に増加している。一方、それまで大きなシェアであった鉄道の旅客輸送数にも一定程度の伸びが見られるものの、1995年の730万人から2000年の940万人と、増加率はおよそ1.3倍ほどであり、航空業に比べると増加率は低い。また、2000年は航空自由化が行われている年であり、2005年には旅客輸送数は2000年よりもさらに増加しており、340万人となっている。一方、鉄道のそれは890万人となっており、2000年よりも低下していることがわかる。このことは、鉄道では運賃割引などがほとんどないのに対して、航空では自由化で競争が拡大し、運賃低下および運賃バラエティが拡大した結果を反映したものといえるだろう。ただし、その傾向は2010年になると落ち着きを見せ、2005年と比べると航空旅客数は減っているのに対し、鉄道の旅客輸送数は増加している。これは2005年から2010年における新幹線でのサービス面での充実化が図られたことが大きく影響している可能性がある。たとえば、2007年には、次世代の新幹線としてN700系が投入され、高速性、快適性、省エネルギー化などさまざまな面でグレードアップが図られた。たとえばその代表的なものが、博多－東京間を走る東海

道新幹線のぞみ N700系であり、最高時速は300km/h にも達する。また2008年にはエクスプレス IC サービス（EX-IC）が導入され、よりスピーディーに乗車・乗り継ぎができるようになった。2009年には N700系で無線 LANが利用できるようになり、ビジネスでの出張などでの利便性が高まった。

最近では2013年に新たに N700A 系が導入され、鉄道での移動の利便性がさらに高まっている。鉄道（新幹線）では運賃の割引があまりないこともあり、ここでみたように、今後はサービス面での充実化が図られていくと考えられる。

一方、航空では、機内でのインターネットの使用はもちろん、離着陸に際して全ての電子機器類の使用が制限されており、鉄道に比べると移動中の自由度は極力制限されている。このことから今後の航空では、サービス面での充実化というよりも、運賃の低下という形で鉄道業および航空業同士とのシェア獲得競争が進んでいくかもしれない。その最たる例として挙げられるのが2012年に参入したローコストキャリアであり、機内でのサービスを必要最低限に抑える[10]代わりにコストを徹底的に抑えて運賃を極力低く抑えて輸送サービスを提供するという戦略をとっている。

以上にみたように、規制緩和によって運賃水準が低下し、航空産業で旅客数の増加がみられる。今後はこうした旅客獲得のための競争が激しくなると思われ、航空産業のリスクは規制緩和後に徐々に増加していくかもしれない。そこで次は、規制緩和後の航空産業のリスクの変化を詳しくみていこう。

7　航空のリスク[11]

ここでは、日本の航空産業の規制緩和後のリスク変化を分析するが、これ

---

(10) たとえば、航空機内でのドリンクサービスをなくす、機内への手荷物の持ち込み重量に制限をかけて、手荷物の重量が制限量よりも大きくなる場合に、追加の料金を支払うようにさせることなどである。
(11) 以下の記述は、野方大輔「規制緩和とシステマティック・リスク：わが国航空輸送産業における実証分析」九州大学経済論究134号（2009年）85頁〜96頁に基づく。

第3節　規制緩和後の市場環境

によって、単に規制緩和後にリスクが増加しているか否かという問題を検証するだけでなく、価格規制と参入規制のどちらが企業のリスクを低下させる効果を持つのかという問題についての検証も可能になる。

　一般的に規制緩和が行われる際には、米国のトラック輸送、バス事業、航空輸送産業などのように、料金規制と参入規制の緩和が同時期に実施されている。こうしたケースにおいては、価格規制と参入規制のインパクトが混在してしまうためにリスク変化の要因を識別して実証することは難しくなるであろう。一方、日本の航空輸送産業は、価格規制と参入規制が異なる時期に緩和されたという特徴を有している。したがって、日本の航空輸送産業のデータを利用することで、価格規制と参入規制のどちらが企業のリスクに重要な影響をもつのかという点もある程度識別して検証できよう。本節ではその点にも注目したい。

　ここであらためてリスクに影響を与えると考えられる航空輸送産業における規制緩和のイベントを整理しておくと、航空輸送産業の規制緩和の中で注目するイベントは、大きく分けて三つある。まず、1986年6月にダブル・トリプル・トラック化の導入によって参入規制が緩和されている。次に、1996年6月には、幅運賃制度の開始に伴い価格規制が緩和された。2000年2月には航空法が改正され完全自由化が行われた。本改正に伴う完全自由化により、価格規制および参入規制が緩和されている。これらの規制緩和以降、新規事業者の参入によって航空会社数の増加、運賃水準の低下と多様な割引運賃がみられたことはすでに述べたとおりである。本節では、ここで示した価格規制緩和、参入規制緩和、航空自由化（価格規制緩和＋参入規制緩和）の三つの規制緩和イベントに注目する。

(1)　リスク指標およびデータ

　(a)　リスク指標〜システマティック・リスク〜

　ここでは規制緩和前後におけるリスクの変化を検証する際に、システマティック・リスクという指標に注目する。

第3章 伝統的な消費者インフラの提供主体の考察——航空輸送産業——

その指標に注目する理由としては、第1に、標準偏差で個別企業のリスクを見た場合、マーケット全体の変動によって生じたリスクかどうかを識別できないこと。第2に、分散投資家にとって重要なリスクはシステマティック・リスクのみであるという点である。一般に、株式投資のリスクとは収益率の変動のことを指すが、これはさらに二つの部分に分けられる。まず、個々の銘柄の収益率変動のうち、その銘柄特有の要因によって生じている部分は多くの銘柄に分散して投資することによって回避できる。しかし、分散投資によっても回避できない収益率の変動があり、これをシステマティック・リスクと呼ぶ。このリスクはすべての上場企業に共通する要因によって生じる。たとえば、景気、外国為替相場の変化、それに原油価格の変化が挙げられる。投資家は分散投資によって収益の変動の一部を避けることができるから、投資家にとって関心があるのはシステマティック・リスクということになる。第3に、ファイナンスの先行研究でもリスク指標として主にシステマティック・リスクが用いられていることなどが挙げられる。

株式市場がセミ・ストロングの意味で効率的であるとして、Shrpe＝Lintner型のCAPM（capital asset pricing model）、あるいはマーケット・モデルが成立すると仮定する。前者は理論的に次の式で表わすことができる。

$$E(R_{it}) - R_{ft} = \beta_{it}\{E(R_{mt}) - R_{ft}\} \quad \cdots\cdots ①$$

ここで、R_{it}はt期における企業iへの株式投資の収益率を表わし、R_{it}は次のように定義される。

$R_{it} \equiv$ （t期末のiの株価－t期首のiの株価＋t期の1株当たりの配当）／（t期首のiの株価）

R_{mt}はt期の全銘柄の収益率の加重平均（マーケット・ポートフォリオという）を表わし、市場収益率と呼ぶ。R_{ft}は無リスク証券（安全資産）の収益率である。左辺は企業iに投資したときのリスク・プレミアムを表わし、右辺の括弧内は市場全体のリスク・プレミアムを表わす。そして、右辺のβ_{it}が

第3節　規制緩和後の市場環境

銘柄iのシステマティック・リスクを表わす指標であり、銘柄iのシステマティック・リスクである。以下ではシステマティック・リスクのことを簡単に「β」と表わす。

①式の右辺の β_{it} は企業iの収益率が市場全体の収益率の変動にどの程度反応するか、言い換えれば R_{it} の変動が R_m の変動にどの程依存するかを示す指標である。β_{it} は、$\{(R_{it}-R_f)$ と $(R_{mt}-R_f)$ の共分散$\}/(R_{mt}-R_f)$ の分散、で表わされる。

また、CAPM での β の推定式は次のような形で表わされる。

$$R_{it}-R_{ft}=\beta_{it}(R_{mt}-R_{ft})\varepsilon_{It} \quad \cdots\cdots ②$$

ここで、ε_{It} は期待値ゼロ、分散一定の確率項で、時系列的に独立で、各期に同じ正規分布に従うとする。

β_{It} はこのモデルを OLS（最小二乗法）推計することで求められる。ただし CAPM（①式）は理論的には正しくても②として実証分析に用いるにはいくつかの問題点が指摘されている[12]。そこで、実証モデルとして次のマーケット・モデルが使われることも多い[13]。マーケット・モデルは次のように表わされる。

$$R_{it}=\alpha_i+\beta_{it}R_{mt}+\varepsilon_{it} \quad \cdots\cdots ③$$

---

[12]　たとえば、CAPM が成立するならば、②式で OLS によって β を推計する際に定数項の推計値は統計的に有意とはならない。

[13]　Fraser, D. R., and S. Kannan. (1990), "Deregulation and Risk: Evidence from Earnings Forecasts and Stock Prices." *Financial management*, vol. 19: pp. 68-76, Norton, S. W. (1985), "Regulation and Systematic Risk: The Case of Electric Utilities." *Journal of Law and Economics*, vol. 28: pp. 671-686, Robinson, T. A., and M. P. Taylor. (1998), "The Effects of Regulation and Regulatory Risk in the Electricity Distribution Industry." *Annals of Public and Cooperative Economics*, vol. 69, no. 3: pp. 331-346, 竹中康治 (1998年)「経済的規制と株式投資リスク」オペレーションズ・リサーチ43巻3号148頁〜153頁, Buckland, R. and P. Fraser. (2001), "Political and Regulatory Risk: Beta Sensitivity in U.K. Electricity Distribution." *Journal of Regulatory Economics*, vol. 19, no. 1: pp. 5-25など。

ここで、α_i は定数項を表わしており、ε_{it} は期待値ゼロ、分散一定の確率項で、時系列的に独立で、各期に同じ正規分布に従うとする。β_{it} は OLS で推計され、先の CAPM のモデルのものと一致するシステマティック・リスクとなる。そこで、本節でも先行研究と同様に、規制改革の β への影響を実証するにあたって、マーケット・モデル③を用いる。

(b) データ

マーケット・モデル推計の際には月別の株式投資収益率データを使う。データは財団法人日本証券経済研究所『株式投資収益率2007年』（2008年）から入手した[14]。ただし、株式データは2001年12月までのものを用いる。これは2002年の日本航空と日本エアシステムの合併によって、2002年1月から10月までの日本航空の株式データが欠損値となっており、株式データの連続性が保てないという理由による。なお、分析対象とする航空会社は日本航空、全日本空輸の2社である。日本エアシステムの株式データは、合併の影響により入手できなかった。また、本節では航空産業についての株式収益率を計算する際、日本航空と全日本空輸の収益率の平均でポートフォリオをとった。

(2) 実証分析

(a) 規制緩和前後2年における β の比較

ここでは、規制緩和イベント前後の β を比較することによって航空産業のリスクの変化を確かめることとする。そこで、規制緩和イベントの前後2年（24ヵ月）の推計期間をとり、マーケット・モデルによって航空会社の β を推計した[15]。ただし、2001年12月までのデータを用いた推計であるので、航空自由化が行われた2000年2月以降の β については推計期間を23ヵ月と

---

(14) 月次データを使うのには二つの理由がある。一つは、日本証券経済研究所の株式データでは、配当を含んだ株式投資収益率が計算されているためである。もう一つの理由は、配当込みの株式投資収益率の日次データの利用にあたり、多額の費用が必要となるためである。これらの理由から現在のところ、日次の株式投資収益率データの利用が難しい状況である。

(15) 推計期間を2年半（30ヵ月）として、同様のマーケット・モデルによる β の推計を行ったが、2年推計の β と同様の結果であったため、2年半の結果は省略した。

第3節　規制緩和後の市場環境

〔図表3-7〕　規制緩和イベント前後における β の比較

	日本航空	全日本空輸	航空輸送産業
1984/6～1986/5	−0.510	0.587	0.038
1986/6～1988/5	0.332	0.777	0.555
1994/6～1996/5	0.615	0.624	0.620
1996/6～1998/5	1.044	0.122	1.132
1998/2～2000/1	0.999	0.406	0.703
2000/2～2001/12	0.556	0.501	0.458

している。なお、結果は〔図表3-7〕に示している。

　〔図表3-7〕の結果から、1986年6月に実施された参入規制緩和の前後の期間において、日本航空の β の値は−0.510から0.332に、全日本空輸の β についても0.587から0.777へと上昇していることが観察される。なお、航空輸送産業でも、同様の傾向が確認できる。この結果から、航空各社の β は参入規制による競争導入の効果を反映して上昇している可能性が示唆されるであろう。

　次に、1996年6月の価格規制緩和の前後においては、航空輸送産業の β が0.620から1.132へと上昇している。しかし、日本航空の β は0.615から1.044に上昇しているのに対して、全日本空輸では0.624から0.122へと低下している。したがって、価格規制が企業のリスクにどの程度のインパクトを与えているかについては明確な結果が得られていないことになる。

　また、2000年2月の航空自由化の前後においても、日本航空の β が0.999から0.556と低下傾向であるのに対して、全日本空輸では0.406から0.501へ上昇しており、航空会社間で異なる結果を示している。したがって、航空自由化が企業のリスクに与えた影響についても明らかではない

　以上の結果より、1986年6月に行われた参入規制緩和の後に、β を増大させる影響が示されている。しかし、価格規制緩和と航空自由化のイベント前後における β の変化は日本航空と全日本空輸で異なる傾向を示している。したがって、規制が企業のリスクを低下させる際に、参入規制が重要なイン

第3章 伝統的な消費者インフラの提供主体の考察──航空輸送産業──

パクトを持っているということが示唆される。また、〔図表3-7〕の1996年6月と2000年2月の規制緩和前後におけるリスクの変化が航空会社間で異なるということは、これらの結果が統計的誤差の範囲内に収まるものであることを示唆している可能性がある。1986年6月の参入規制の緩和によってβが増大していることについても同様に確認が必要である。したがって、参入規制と価格規制が企業のリスクに与える影響について結論を出すためには、さらに追加的な検討を行う必要があろう。そこで、〔図表3-7〕で観察したβの値が、はたして統計的に見て有意な変化であったといえるのかを次項で判定することとする。

(b) β の変化の検定

本項では、マーケット・モデルにイベント発生時点以降のダミー変数を加えた以下の式を用いて、β の変化を観察する。

$$R_{it} = \alpha_i + \alpha_j D_j + \beta_j R_{mt} + \beta_j D_j R_{mt} + \varepsilon_{it} \quad \cdots\cdots ④$$

ここで、④の R_{it} は企業 i の月別株式収益率を、R_{mt} は月別市場収益率（月別マーケット・ポートフォリオの収益率）を表わす。サブスクリプト t は年月を表わす。α_i は定数項、ε_{it} は確率項である。D_j は規制イベントを表わすダミー変数で、規制イベント j 以降を 1 、それ以外の期間をゼロと設定する。したがって、定数項 α_i の変化は α_j で表わされる。D_j と R_{mt} の交差項（$D_j R_{mt}$）は β_{it} の変化を表わす市場収益率の傾きのダミー変数で、規制イベント j 以降を 1 、それ以外の期間をゼロとする。したがって、規制イベント j の β に対する効果は β_j の係数とその統計的な有意性によって示される。

ただし、月次データを用いた実証分析においては、系列相関の問題を考慮し、Newey-West 推定によって標準誤差の修正が行われることがある[16]。そこで、本項においても、Newey-West 推定によって t 値の修正を行うこ

---

(16) たとえば Ferson, W. E. (1989), "Changes in Expected Security Returns, Risk, and the Level of Interest Rates." *Journal of Finance*, vol. 45: pp. 1191-1217. など。

第3節 規制緩和後の市場環境

〔図表3-8〕 規制緩和後の β の変化の検定

	α	$\alpha_{1986/6}$	$\alpha_{1996/6}$	$\alpha_{2000/2}$	β	$\beta_{1986/6}$	$\beta\alpha_{1996/6}$	$\beta_{2000/2}$
日本航空								
係数	2.303**	−2.260*	−2.216*	3.426	−0.186	1.206***	-0.022	-0.787
t値	(2.07)	(−1.78)	(−1.86)	(1.34)	(−0.54)	(3.13)	(−0.08)	(-1.27)
修正R2=0.217　N=288								
全日本空輸								
係数	0.616	−0.423	−3.059***	5.656***	0.473***	0.386**	−0.200	0.343
t値	(1.18)	(−0.56)	(−2.65)	(3.36)	(3.56)	(2.30)	(−0.87)	(0.80)
修正R2=0.273　N=288								
航空輸送産業								
係数	1.460**	−1.342	−2.638**	4.541***	0.143	0.796***	−0.111	−0.222
t値	(1.97)	(−1.49)	(−2.53)	(2.41)	(0.74)	(3.48)	(−0.46)	(-0.45)
修正R2=0.308　N=288								

注：t値は Newey-West 修正を行っている。*：有意水準10％、**：有意水準5％、***：有意水準1％。
N：観測数。α（単位：％）

とにする。その際、誤差項は3期前と相関することを仮定する[17]。なお、日本航空、全日本空輸の結果および航空輸送2社のポートフォリオの結果は〔図表3-8〕に示している。

まず、係数 $\beta_{1986/6}$ に注目すると、日本航空は係数が正であり、有意にゼロと異なる（有意水準1％）。また、全日本空輸、航空輸送産業についても同様の結果がうかがえる（有意水準5％・有意水準1％）。したがって、日本航空、全日本空輸および航空輸送産業のいずれのケースにおいても、β は増加している。実際、日本の航空会社は、参入規制が行われた1986年を期に国内路線および国際路線への乗り入れが進み、競争が激しくなっている。このような事実からも、参入規制緩和は競争を生じさせ、企業の β を上昇させる効果をもつことがうかがえる。

次に、1996年6月の価格規制緩和による β の変化についてはどうであろうか。係数 $\beta_{1996/6}$ は負であるが有意にゼロと異ならない。したがって、〔図

---

[17] 先行研究では Newey-West 修正を行う際に、3期ラグで考えられることが多い。また、2期のラグをとっても本文中の3期ラグでの結果とほぼ同様であった。

第3章 伝統的な消費者インフラの提供主体の考察——航空輸送産業——

表3-7〕で観察した価格規制の緩和によるリスクの変化は、統計的に有意なものではなかったことが明らかになった。このことは、規制が企業のリスクを低下させるという際に、価格規制は企業のリスクにさほど強い影響を持ち得ないことを示唆しているといえるであろう。しかしながら、係数 $\alpha_{1996/6}$ は日本航空、全日本空輸および航空輸送産業のいずれにおいても負で有意にゼロと異なる結果を示していることが確認できる。このことは、価格規制緩和がリスクを上昇させる効果を持つというよりも、むしろ企業の収益性に重要なインパクトを持っていることを示した結果であるといえよう。さらにこの結果は、価格規制は実施されているが、参入規制は撤廃されているような産業（たとえば、タクシー産業など）においては、規制が企業のリスクを低下させるという前提が成り立たなくなる可能性があることを示唆しているともいえるであろう。

また、2000年2月の航空自由化のイベントについては、価格規制緩和に加え、参入規制緩和による競争拡大の効果も表れると考えられる。しかし、係数 $\beta_{2000/2}$ の結果から、航空自由化による β の変化については統計的に有意な変化があったとはいえない[18]。これについては、以下の解釈が考えられる。日本の航空輸送産業では1986年6月に参入規制緩和が実施され、2000年2月の航空自由化によって再度、参入規制が緩和されている。したがって、2000年2月の自由化に至るまでに航空市場の競争は相当程度進んでいると考えられる。実際、自由化が行われる前、スカイマーク・エアラインズやエア・ドゥなどの航空会社が新規参入し、競争が激しくなっていることがうか

---

(18) 実証結果には記載していないが、このほかにいくつかの追加的分析を行った。①1978年1月から2007年12月までの期間における推計（2002年1月から10月までの日本航空の株式データは除く）。②1985年8月の日本航空の御巣鷹山事故、2001年9月の航空テロによる航空不況の影響をデータから除外した推計およびダミー変数で考慮した推計。これらはいずれも本文中とほぼ同様の結果を示した。また、規制緩和イベントが一つとなるように、それぞれの規制緩和イベント前後2年半（60カ月）を推計期間として、分析期間を区切って β の変化を検証した。その結果、やはり、1986年6月の参入規制緩和イベントによってのみ、航空輸送産業の β が有意に上昇していた（有意水準5％）。

第3節　規制緩和後の市場環境

がえる。よって、$\beta_{2000/2}$ の結果は、ある程度競争が進展した段階における参入規制緩和は競争拡大を通じてリスクを増大させる効果を持ち得ないことを示唆していると考えられる。

　以上の推計結果より、規制緩和による β の変化としては1986年6月の参入規制緩和による効果が明確に現れているといってよいであろう。この時期以降、国際線は複数社体制へ移ることによって日本航空に競争が働き、国内線においても独占路線を排することからダブル・トリプル・トラック化が行われ、全日本空輸の国内路線に他社からの乗り入れが相次いだ。したがって、参入規制の緩和が日本航空および全日本空輸の競争を激しくすることによって、両社の β が増大したと考えることができる。また、価格規制緩和は β ではなく収益性に影響を与えており、完全自由化のイベントについても統計的に有意な β の変化をもたらしていなかった。

　これらを総合的に判断すると、規制が企業のリスクを低下させるという考え方において、参入規制がより重要なインパクトを持つことを示唆しているといえよう。

(c)　追加的検証（日本航空株における流動性の問題）

　以上では、参入規制緩和によって企業のリスクが上昇することを示した。しかしながら、〔図表3-8〕における日本航空の1986年6月以前の β に注目すると、統計的に有意ではないが-0.186と極端に低い。これには主に二つの理由が考えられる。第1は、参入規制によって日本航空による国際線の1社体制が保たれているために競争圧力が働かないこと。第2に、日本航空の民営化が行われる前で日本航空株の流動性が著しく低かったことが挙げられよう。一方で、参入規制緩和による日本航空の β の変化を示す「$\beta_{1986/6}$」に注目すると1.206と β の値が急激に上昇している。こうした傾向が表れた背景には、参入規制緩和による競争の導入に加えて、1987年11月の日本航空の民営化に伴う政府保有株式の放出の影響があると考えられる。これによって、日本航空株の流動性は高まることになるであろう。したがって、〔図表3-8〕

第3章 伝統的な消費者インフラの提供主体の考察——航空輸送産業——

において、参入規制緩和による競争の導入が日本航空の β を上昇させているという結果については、多少強調されている可能性が懸念されよう。

そこで、本項ではこの点を明らかにするにあたり、日本航空の民営化が行われた1987年11月以前においても日本航空の β が上昇しているかどうかについての追加的な確認を行うこととする。その際、β はマーケット・モデルによって1年半の分析期間で推計し、その推計を1カ月ごとにスライドさせていくという手法をとる[19]。なお、結果は〔図表3-9〕に示した。

〔図表3-9〕において、推計期間［Ⅰ］の β は参入規制緩和が実施される前のものであり、その値は、およそ－1と極端に低い。これについては、参入規制が競争を制限しているという影響と日本航空株の流動性の低さが影響していると推測される。その後、1986年6月に参入規制緩和が行われること

〔図表3-9〕 日本航空の β の推移

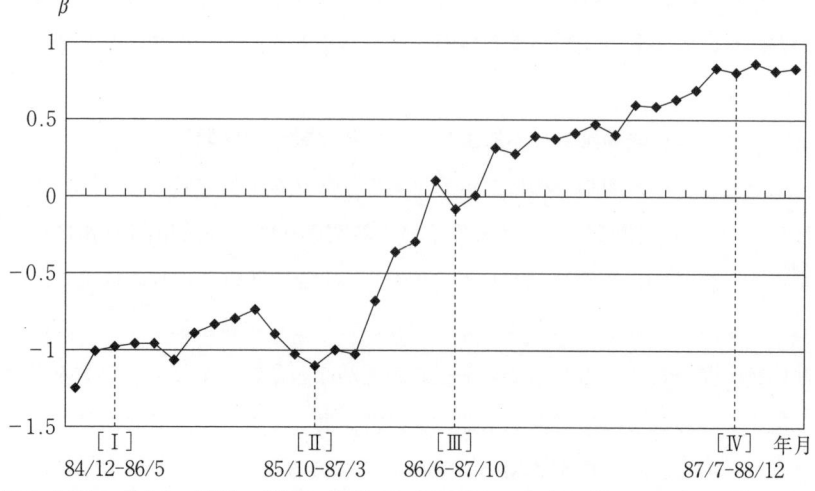

注：上記の［Ⅰ］、［Ⅱ］、［Ⅲ］、［Ⅳ］はそれぞれ1984年12月～1986年5月、1985年10月～1987年3月、1986年6月～1987年10月、1987年7月～1988年12月の分析期間で推計した β を表わしている。

---

(19) これは、1985年1月～1986年6月、1985年2月～1986年7月、1985年3月～1986年8月、1985年4月～1986年9月、という形での推計である。

になるが、推計期間［II］〜［III］にかけて、β が著しく上昇している。また、推計期間［I］と［III］の β を比較すると、β は0.9ほど上昇していることが確認できる。これらの傾向は全て1987年11月の日本航空の民営化が行われる前において観察されているものである。

次に、民営化が行われた1987年11月以降における β の変化としては、参入規制緩和に伴う競争導入効果と日本航空株の流動性上昇の影響が表れると予測されるであろう。しかしながら、推計期間［III］〜［IV］における β は民営化以降も上昇傾向を示していることに変わりはないものの、特に著しい上昇は示していない。

以上の結果から、日本航空株の流動性の問題を考慮してもなお、参入規制緩和による競争導入が航空輸送業界の β を上昇させる効果として表れているといえよう。

第4節　おわりに

本章では、規制企業の中でもとりわけ航空輸送産業に注目して、規制緩和後の様々な変化について見てきた。まず、規制緩和後には航空会社の数が増えるとともに、運賃のバラエティも豊富になり、顧客の料金の選択肢が拡大している。また、運賃の種類が増えるだけでなく、航空運賃水準そのものも諸外国に比べて低い水準にあることも確認された。こうした消費者の利便性増進の結果、航空旅客数も徐々に増加していることがわかった。最後に規制企業のリスクの変化についても検証し、さらにそのリスクが主にどのようなタイプの規制（価格規制か参入規制か）によって変化しているかという点にも焦点をあてた。その結果、規制緩和後のリスクは、主に参入規制緩和による競争拡大によって増加していることが示唆された。実際、規制緩和後に多くの会社が航空市場に参入し、競争が激しくなったことは既に示したとおりである。このような競争によるリスクの増大は、航空会社にコスト削減のイ

第 3 章　伝統的な消費者インフラの提供主体の考察──航空輸送産業──

ンセンティブを与え、より効率的な経営を行うようにさせるだろう。こうして航空会社が競争の中で切磋琢磨して経営の効率化を図っていくことは、われわれ消費者の利便性を高めるだろうし、今後のグローバル化の中で日本の航空輸送産業が生き残っていくためにも重要であると考えられる。

第 4 章

外国人消費者への支援インフラと社会的排除リスク

第4章　外国人消費者への支援インフラと社会的排除リスク

第1節　はじめに

　グローバル化により、国境を越えた移動が促進されている。その動きはモノや金だけでなく、人の面でも見られる。

　民間企業の海外進出に伴い、海外に在留する日本人が増加している。外務省「海外在留邦人数調査」によれば、海外在留邦人数は1990年に62万0174人であったが、2011年には118万2557人と、約20年でほぼ倍増している。そしてその在留地域は、北米が38.5％と最も多く、次にアジアが28.1％となっている（同調査2011年）。

　一方、日本に在留する外国人は、1990年には107万5317人であったが、2012年には203万3656人とこちらも約20年で倍増している（法務省「在留外国人統計（旧登録外国人統計）」各年版）。2012年現在、日本の人口に占める在留外国人の割合は1.6％である。また、在留外国人数は海外在留邦人数の約2倍となっており、日本の人口の社会増を支えている。

　日本に住む外国籍の人々は、2代、3代と日本に住んでいる韓国・朝鮮籍の人々を中心とするオールドタイマーと、アジアや南米の日系人を中心とするニューカマーに分けることができるが、民族ごとにコミュニティがあり、抱える問題も異なっている。中でも日本語での会話力が不十分であることの多いニューカマーは、社会的に排除されやすい存在であり、問題を抱えるリスクも高い。そのため、彼/彼女らをサポートし問題を解決する主体が重要となる。その主体としては、コミュニティ、職場、行政、支援組織などが挙げられる。

　これまで日本に住む外国人に関しては、彼/彼女らを労働者・生活者として捉え、コミュニティや職場を切り口として、日々直面する労働・生活・教育に焦点をあてて研究がなされてきた。一方で、彼/彼女らは生活を営む消費者でもあるが、数の少なさからか、問題が表面化しにくいからか、国内外

の研究において彼/彼女らを消費者として捉える視点が欠けていた。

その足掛かりとして本稿では、社会的排除の議論をもとに日本に住む外国人のうち社会的に排除されやすいニューカマーに焦点をあて、彼/彼女らが消費者として問題が生じたときにサポートし問題を解決する主体の一つである行政の支援体制について考えていきたい。

第2節　社会的排除の構造と社会的包摂の方向性

1　社会的排除の概念

「社会的排除」という概念は、1980年代後半に若者の長期の失業問題に直面していたフランスで生まれ、1988年に参入最低所得（RMI）[1]として制度化された。当初は「豊かな国の新しい貧困」という言い方でこの問題が捉えられていたが、やがてそれは社会への「参入」が阻止された状態＝排除として把握されるようになった。労働市場だけでなく、家族や地域社会、そして何よりも福祉国家の諸制度への「参入」を阻止されている＝「排除」されているという側面が強調されたのである[2]。

その後、EUでは1988年から「社会的排除」という用語が公式文書に使われるようになり、1992年に初めてEUによる定義が提示された。それによれば、社会的排除は、現代社会で普通に行われている交換や実践、諸権利から排除される人々を生み出すような複合的で変動する諸要素に用いられている。貧困は最も明白な要素の一つであるが、社会的排除はまた、住宅、教育、健康そしてサービスへのアクセスの権利の不適切性をも意味する。それは個人

---

(1)　包摂された社会の構築を目的とし、社会へのそして（あるいは）職業への参画という権利を保障する制度。そのポイントは、最低所得保障に、社会への包摂（教育、健康、住宅など）そして（あるいは）職業への包摂（雇用、職業基礎教育）と寄り添い・伴走型支援を合わせているところである。
(2)　岩田正美「社会的排除：ワーキングプアを中心に」日本労働研究雑誌597号（2010年）10頁。

第4章 外国人消費者への支援インフラと社会的排除リスク

や集団、特に都市や地方で、場合によっては差別され隔離されやすい人々へ不利な影響を及ぼす。そしてそれは社会基盤(インフラ)の脆弱さと、二重構造社会を初めから定着させてしまうようなリスクと強くかかわっている[3]。この概念は、経済統合だけでなく社会統合を目指すEUにとって、まさにぴったりのアイディアであった。こうして、フランス生まれの「排除と参入」は、EUの中で「社会的排除」(social exclusion)と「社会的包摂」(social inclusion)という対語に変化し、次第に加盟国の社会政策のキーコンセプトとなって現在に至っている[4]。

社会的排除の概念は、①参加の欠如、②複合的な不利、③プロセスで排除を理解するといった特徴を持つが[5]、統一した見解がなく、「貧困」や「剝奪」といった概念と重複する側面がある。そこで、これらの概念を整理しておきたい〔図表4-1〕。

社会的排除の特徴は、「生存のための基礎的なニーズの欠如」や「標準的な生活のための物的資源の剝奪(物質的剝奪と社会的剝奪)」に加え、「社会的な参加・つながりの欠如」にも注目していることであり、多次元の要因によって生み出されていると捉える点にある。そのため、「分配の側面」のみならず、「関係の側面」にも目を向けており、貧困や剝奪のように一時点で捉えるのではなく、その変化にも注目する動態的な分析が行われる。また、社会的な参加・つながりの欠如を検討することから、「個人、世帯」だけでなく「コミュニティ、社会」との関係についても調査・研究の対象とするという特性を持つ。したがって、「コミュニティ、社会」を対象に「社会的な参加・つながりの欠如」に注目する本研究の基礎概念として、社会的排除を用いることは有効である。

次に、イギリスの社会学者であるギデンズ(Giddens.A)の定義を用いて、

---

(3) Commission of the European Communities (1993) *Towards a Europe of Solidarity: Intensifying the Fight against Social Exclusion*, p. 1.
(4) 岩田・前掲注(2)10頁。
(5) 岩田・前掲注(2)12頁。

第2節　社会的排除の構造と社会的包摂の方向性

〔図表4-1〕　貧困・剥奪・社会的排除の概念特性の比較

		貧困	剥奪	社会的排除
要因とその特徴		・生存のための基礎的なニーズの欠如	・生存のための基礎的なニーズの欠如 ・標準的な生活のための物的資源の剥奪（物資的剥奪と社会的剥奪）	・生存のための基礎的なニーズの欠如 ・標準的な生活のための物的資源の剥奪（物資的剥奪と社会的剥奪） ・社会的な参加・つながりの欠如
		・一次元の要因	・多次元の要因	・多次元の要因
		・分配の側面	・分配の側面	・分配の側面 ・関係の側面
分析の観点		・静態的	・静態的	・動態的
	対象	・個人、世帯	・個人、世帯	・個人、世帯 ・コミュニティ、社会

出所：福原宏幸「社会的排除／包摂論の現在と展望」福原宏幸編著『社会的排除／包摂と社会政策』（法律文化社、2007年）15頁。

具体的な排除の形を確認したい。彼によれば、社会的排除とは、「人々が社会への十分な関与から遮断されている状態」であり、次の三つの観点から見ることができるという。第1は、「経済的排除」。これは、生産と消費からの排除、具体的に、生産場面では雇用と労働市場への参入、常勤の職場・就職情報網などからの、また消費場面では電話・銀行口座・住宅などからの排除などである。第2は、「政治的排除」。これは、政治過程からの排除、具体的に政治過程に関与するために必要な資源・情報・機会からの排除などである。第3は、「社会的排除」。これは、主として地域社会からの排除、具体的には公共施設、社会的ネットワーク等からの排除などである。そして、社会における脆弱層はこれらの排除を複合的に受けている。

ただし、脆弱層も一様ではなく、排除されやすい段階・内容が異なる。そこで、脆弱層を類型化してシティズンシップの観点から排除の形を捉えた亀

第4章 外国人消費者への支援インフラと社会的排除リスク

山の整理を参考に、外国人労働者の排除の形を確認する[6]。外国人労働者・移民・難民は、従来も現在も非市民として社会の外で排除されている。労働市場へのアクセスにおいては、非典型雇用や不法就労の者が排除されやすく、失業のリスクも他のグループと比べて高い。また、声をあげようにも日本においては選挙権・被選挙権がないなど、政治へのアクセスから排除されている。

2 社会的包摂の政策

なお、「社会的排除」は、排除する側の社会性を問題にして社会的な包摂を求める概念枠組みを持っており、(相対的・絶対的) 貧困よりも政策志向的な側面がある。そのため、包摂の方向性を考えれば、「トランスナショナルな包摂」が必要とされる。すでにトランスナショナル化しつつある労働市場への公平なアクセスの権利が重視され、国家による再配分以上に、市場やコミュニティへの平等な参加の保障が重視されるが、これは再配分による包摂が有効な失業男性稼ぎ手や女性・低技能の若年者、高齢者、障害者への対処と対立し、政策としては難しい選択を迫られることになる。

では、日本の具体的な政策としてどのような方向性が目指されているのだろうか。厚生労働省「社会的な援護を要する人々に対する社会福祉のあり方に関する検討会報告書」(2000年12月8日) においては、家族、地域、職域から排除されている人たちを社会が包み込み包摂していくこと、すなわち、社会的に排除されている人たちを結びつけ、つながりのある社会を作っていくことが提唱されている。ここでいう社会的に排除されている人たちとは、「社会のなかで十分な繋がりをもつことができない層」または「社会的に抑圧されている層」であり、心身の障がいあるいは不安 (社会的ストレス、アルコール等)、社会的排除や摩擦 (ホームレス、外国人、中国残留孤児等)、社

---

(6) 亀山俊朗「シティズンシップと社会的排除」福原宏幸編著『社会的排除/包摂と社会政策』(法律文化社、2007年) 89頁～93頁。

第 2 節　社会的排除の構造と社会的包摂の方向性

会的孤立（孤独死、自殺、家庭内虐待、暴力等）などの状態に置かれている者を指している。そして報告書では、これらの人たちに対して、「公的制度が柔軟な対応を図り、地域社会での自発的支援の再構築が必要である」と述べている。なお、この報告書の中で外国人は、社会的排除や摩擦のリスクが路上死、ホームレス問題に次いで深刻であるとされ、貧困のリスクについては幅があるがかなり高い層もあるという位置づけである〔図表4-2〕。

　また、総務省「多文化共生の推進に関する研究会報告書：地域における多文化共生の推進に向けて」（2006年3月）によれば、現行の国の各種制度は外国人受け入れに関する課題に十分対応していないため、住民サービスの直接の提供主体である地方自治体は様々な問題に直面しているという。地域における多文化共生の推進について、国レベルの検討は、これまで主に外国人労働者政策あるいは在留管理の観点から行われてきたが、そうした観点からのみ捉えることは適当ではない。外国人住民もまた生活者であり、地域住民であることを認識し、地域社会の構成員として共に生きていくことができるようにするための条件整備を、国レベルでも本格的に検討すべき時期が来ていると指摘している。また、地域住民のレベルでは、外国人住民が地域での日々の生活を営む中で経験する社会的排除とそれに対する包摂の試みとして、地域内で異質性を高める外国人住民のコンフリクトを克服するプロセスを重視し、集住地域の住民にとって地域のあり方や協働のもとに生活を支えていくあり方の持つ意味を問い直す機会となりうる[7]。

---

(7)　三本松政之「多文化社会の福祉コミュニティ形成」法学研究84巻6号（2011年）368頁。

第 4 章　外国人消費者への支援インフラと社会的排除リスク

〔図表 4-2〕　社会問題の発生要因と対象グループ

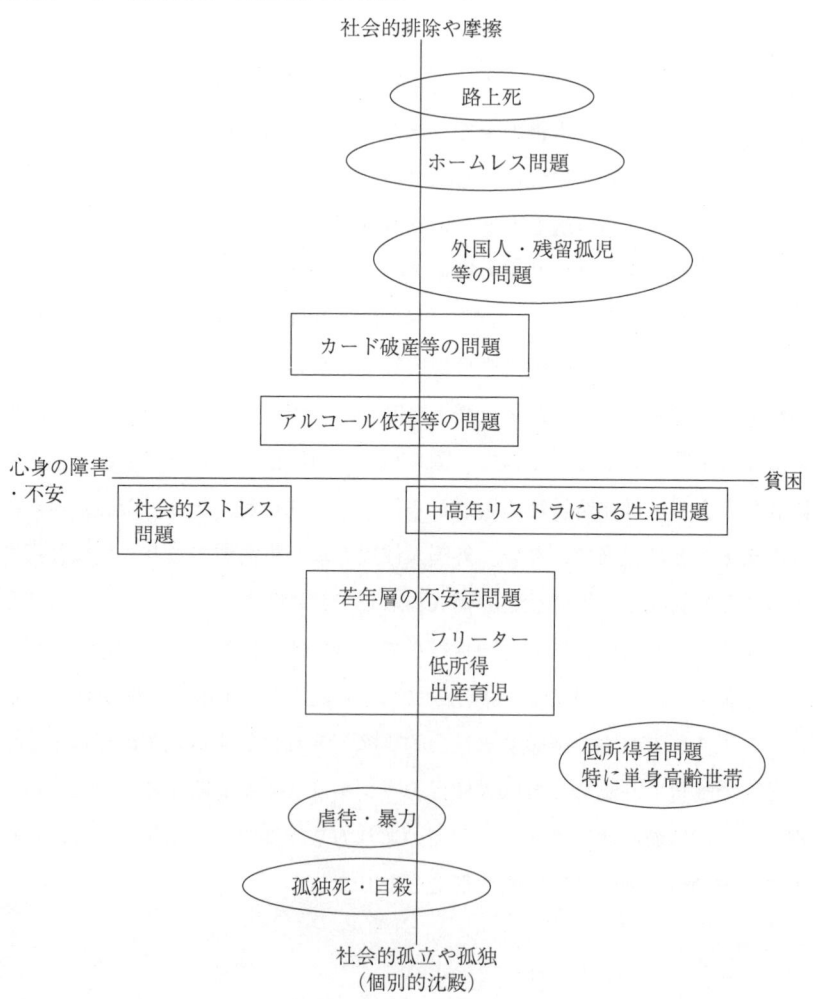

社会的排除や摩擦

- 路上死
- ホームレス問題
- 外国人・残留孤児等の問題
- カード破産等の問題
- アルコール依存等の問題

心身の障害・不安 ────────────────────── 貧困

- 社会的ストレス問題
- 中高年リストラによる生活問題
- 若年層の不安定問題
  - フリーター
  - 低所得
  - 出産育児
- 低所得者問題 特に単身高齢世帯
- 虐待・暴力
- 孤独死・自殺

社会的孤立や孤独
（個別的沈殿）

出所：厚生労働省「社会的な援護を要する人々に対する社会福祉のあり方に関する検討会報告書」（2000年）別紙。

第3節　日本に住む外国人住民

1　外国人住民の増加

　ここで法務省「在留外国人統計」[8]を用いて、在留外国人の人数の推移を見ていきたい（〔図表4-3〕）。

　1950年時点では、在留外国人は59万8696人でその後、1980年代から在留外国人数は2008年まで増加を続けたが、2009年以降は減少に転じ、2012年末現在、203万8159人の外国人が日本で生活を営んでいる。2009年以降減少を続けている要因としては、2008年秋のリーマンショックの影響により製造業を中心に解雇・雇い止めが急増し、中でも派遣や請負といった間接雇用もしくは直接雇用の非正規雇用の労働者として働くことの多い外国人労働者は真っ先に厳しい状況に追い込まれ、日本での再就職を断念し帰国したことが考えられる。日本政府は日系人の帰国希望者に対して、帰国費用を厚生労働省が負担する「日系人帰国支援事業」を2009年4月から1年間行い、2万1675人が帰国した。彼/彼女らは「3年間は日系人として（定住資格）再入国できない」という条件を受け入れて帰国したので、少なくとも2012年4月までは再入国しておらず、在留外国人数の減少の大きな要因となっている。なお、日系人帰国支援事業で帰国した者のみならず自費で帰国した者もおり、その数はブラジル国籍の者だけで10万人に上るといわれている。

　また、在留外国人を国籍別でみると、1950年時点では、そのほとんどが韓国・朝鮮籍の人々であり、他の国籍の人々はごくわずかであった。しかし、

---

(8)　2011年までは外国人登録法に基づき外国人登録をしている外国人の統計を作成してきたが、2012年7月に出入国管理及び難民認定法等が改正されて新しい在留管理制度が導入されたことに伴い、外国人登録法が廃止されたことから、2012年以降は、新しい在留管理制度の対象となる「中長期在留者」および「特別永住者」（以下、これを合わせて「在留外国人」という）を対象として、日本に在留する外国人の実態についての統計を作成している。

第4章　外国人消費者への支援インフラと社会的排除リスク

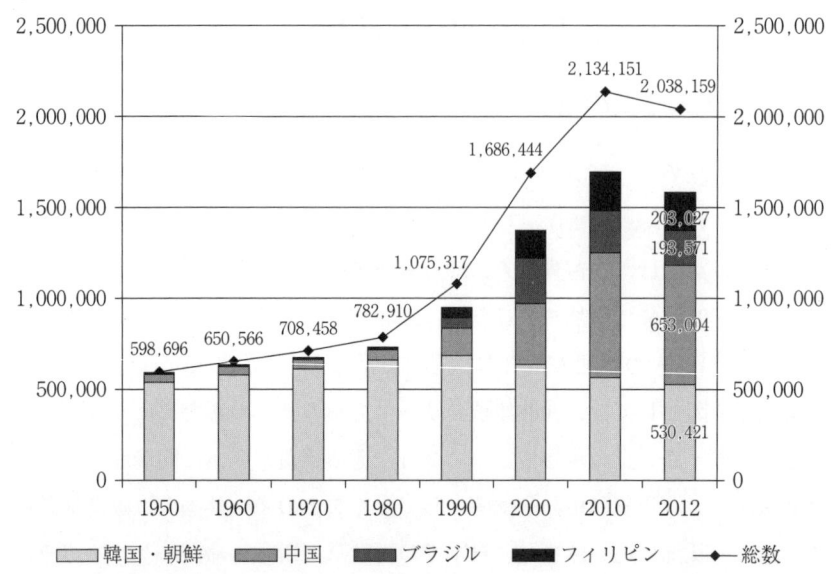

〔図表4-3〕　在留外国人数とその国籍の推移

出所：法務省『在留外国人統計』各年版。

1980年代になると中国人が増加し始め、さらに1990年代にはブラジル人、フィリピン人が急増した。特に中国人の急増は著しく、1980年までは5万人程度で比較的安定していたが、1990年に一気に15万339人にまで増加し、2000年には33万5575人、そして2012年末には65万3004人（在留外国人の32.0％）へと急増し、2007年以降国籍別で最多の韓国・朝鮮人の人口を上回り日本で最も多い外国人となった。

同統計を用いて在留外国人の在留資格を見れば、永住者（30.8％）と特別永住者（18.7％）で約半数を占める。その他、留学（8.9％）、定住者（8.1％）、日本人の配偶者等（8.0％）、技能実習（7.4％）が多くなっている。

都道府県別に見れば、東京都が19.3％と最も多く、大阪府10.0％、愛知県9.7％と続いている。

2　外国人住民の増加の背景

1970年代までは、第二次世界大戦終戦前から日本に在留している朝鮮半島出身者およびその子孫である在日韓国・朝鮮人が日本の外国人住民の大半を占めていた。しかし、1980年代以降、経済活動のグローバル化の進展によって国境を越えた人の移動が活発化した。

政府による中国帰国者およびインドシナ難民の受入れや、「留学生受入れ10万人計画」による留学生の受入れなどもあり、日本における外国人住民の数は増加していった。

日本の外国人労働者の受入制度は、一定の要件を満たす場合に在留を許可する方法となっており、原則として単純労働者の受入れはしていない。ただし日系人は例外で、従来は日系1・2世に対してのみ在留資格を与えてきたが、1990年の出入国管理及び難民認定法（入管法）改正により、原則として日系3世まで（未成年・未婚・被扶養者については4世まで）身分に基づく在留資格が与えられるようになり、日本において就労制限なく働けるため、日系南米人の来日が促進された。特にブラジル人の増加は著しく、愛知県・静岡県・群馬県等の製造業が盛んな地域においては、派遣や請負といった間接雇用の形態による受入れが多くみられる。

また、アジアを中心とする国々からは、滞在期間が最長3年の研修生・技能実習生の受入れが拡大している[9]。このように外国人住民は、人口の伸びとともに、多国籍化が進んでいる。そして、このような経緯により1980年

---

(9) 外国人研修・技能実習制度は、日本で開発され培われた技術・技能・知識の開発途上国への移転を図り当該開発途上国等の経済発展を担う「人づくり」に寄与することを目的とする制度である。外国人は、まず「研修」の在留資格を得たうえで入国し、受入機関において研修を受ける。その後、研修成果・技能実習計画の評価を受けて所定の要件を満たし、研修終了後に在留資格「特定活動」への変更許可を受けると、研修を受けた同一機関において技能実習に移行することができる。なお、技能実習への移行対象となるのは62職種114作業に限られ、滞在期間は、研修活動と合わせて最長3年間である。

第4章　外国人消費者への支援インフラと社会的排除リスク

代から増加したいわゆる「ニューカマー」の中で定住化が進み、国際結婚も増え、永住資格や日本国籍を取得する者が増加していった。

　今後、日本は本格的な少子高齢化の進展により、人口および労働力人口の減少が予想される中で、フィリピンとの経済連携協定（EPA）の交渉における看護師・介護福祉士の受入れなど、諸外国とのEPAを契機に日本の外国人受入れが進む可能性もある。こうした国内外の様々な要因によって、外国人住民のさらなる増加が予想される。中国帰国者、インドシナ難民の他、1990年の入管法改正により入国が容易となった日系南米人、日本人の配偶者である外国人などが近年急増するとともに、滞在が長期化し、定住傾向を示している。これらのニューカマーは日本語によるコミュニケーションを十分にとることが困難な場合もあり、その対応がニューカマーの集住地域の市区町村における喫緊の課題となっている。また、現在はまだ一部の地域における特別な課題と受けとめられている向きもあるが、今後のグローバル化および少子高齢化・人口減少によって、外国人労働者の増加は不可避との予測もあり、遠くない将来において外国人住民への対応は全国の地方自治体にとって共通の課題となることも予想される。

　地方自治体における動きとしては、日系南米人の集住地域17市町により構成される「外国人集住都市会議」の活動が顕著である。また、外国人集住都市を抱える5県1政令市から構成される「多文化共生推進協議会」も県レベルでの活動を行っているほか、全国の都道府県の地域国際化担当部局の連絡組織である「国際交流推進協議会」が外国人住民施策等の要望を国に対して行うなど、外国人住民施策は、すでに一部の地方自治体のみならず、全国的な課題となりつつある。

3　愛知県に住む外国人住民の特徴

　前述したとおり、愛知県は東京都、大阪府に続き在留外国人が多い県である。愛知県地域振興部国際課他文化共生推進室調べの2012年12月31日現在の

愛知県在住の外国人住民のうち最も多い国籍はブラジルで4万8475人、第2位は中国国籍で4万6787人、第3位は韓国・朝鮮国籍で3万6454人となっている。在日コリアンは、オールドカマーの自然死、帰化、国籍法の改正による減少が大きいが、長期にわたる経済不況の影響で渡日者が減っていることも関係していると思われる。他方、日系ブラジル人が多いのは、愛知県にはトヨタ自動車の本社・工場が立地し、自動車生産に関連した機械産業従事者に外国籍の労働者が多いことに由来する。

また市町村別でみれば名古屋市が最も多く6万4355人で、名古屋市の総人口の2.84％を占める。また、トヨタ自動車関連の工場が多く立地する豊橋市（1万4787人、39.4％）、豊田市（1万3422人、3.19％）、岡崎市（8983人、2.40％）、小牧市（7312人、4.98％）などの市町村でも多くなっている。

第4節　行政窓口からみた消費者としての外国人住民

これまで、日本に住む外国人に関しては、彼/彼女らを労働者・生活者として捉え、コミュニティや職場を切り口として、日々直面する労働・生活・教育に焦点をあてて研究がなされてきた。

生活者と捉えた場合、彼/彼女らも一人前の消費者であり、日常生活品のみならずぜいたく品も含め店やインターネットを通じて購入している。特に日系外国人は就労内容に制限がないため単純労働に就く者も多く、日本人からすると、出稼ぎ労働者という枠にはめて考えがちである。滞在目的は出稼ぎと送金と割り切った生活をしているのではないかと想像するかもしれない。しかし実際に高額な送金を果たしている「出稼ぎ労働者の成功例」ばかりではなく、滞在が長期化するにつれ日常での出費がかさむことも多い。収入を飲食・交際費、ギャンブルなどに費やし、その結果、目標送金額が実現できず滞在を延ばすケースも見られる。日本での滞在が長期化すれば、日本の生

第4章 外国人消費者への支援インフラと社会的排除リスク

活になじみ、日本的な消費スタイルも同時に身についていく。したがって、彼/彼女らも日本の消費社会の一端を担う存在であり、同時に消費者問題のリスクも抱えることになる。特に、ニューカマーで日本語が不自由であれば、そのリスクはさらに高まる。

そこで、「外国人集住都市会議」に参加する豊橋市、豊田市、小牧市と、「多文化共生推進協議会」に参加する名古屋市の消費生活相談窓口および担当部署にヒアリングを行った[10]。その結果、判明したことは、外国人が集住する地域においても、消費者問題の相談を行う外国籍の住民は、多い市でも年間10件ほどで、窓口まで相談が届かないという事実である。何重ものハードルを越えて市役所に辿り着ければ、受付や国際課・生活交流課などの外国人生活相談窓口から通訳や職員が適切な専門部署につなぐことができる。しかし、ポルトガル語やスペイン語での消費者相談の広報がない場合、窓口までアクセスできない、もしくは自分の状況が問題であることもわからない状態で泣き寝入ることになっているのではないだろうか。また、市の消費生

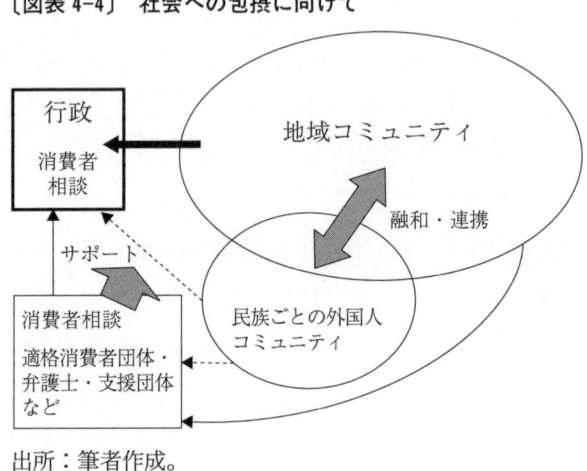

〔図表4-4〕 社会への包摂に向けて

出所：筆者作成。

---

(10) 2013年9月17日～20日に、電話にて実施した。

第4節　行政窓口からみた消費者としての外国人住民

活相談窓口や担当部署が他の機関と連携していたとしても外郭団体の国際交流協会とであることを考えると、その対象範囲は狭い。したがって、地域コミュニティや外国人支援の組織との対話・連携を深めることで、支援インフラの網目は小さくなりこれまで零れ落ちていた声を拾うことができるかもしれない。その方向性を示したのが〔図表4-4〕である。

今後、支援団体や民族コミュニティの側からの聞き取りを行うことにより、彼/彼女らの社会への包摂を進める仕組みを検討したい。

第5章

グローバル環境会計情報の開示と消費者利益

第5章　グローバル環境会計情報の開示と消費者利益

第1節　はじめに

　環境省が2000年に最初の「環境会計システムの導入のためのガイドライン」を公表してから13年が経過した。環境会計の目的の一つとして、企業が社会的責任を果たしつつ、環境保全活動をいかに効率的・効果的に行っているかを外部の利害関係者（ステイクホルダー）に伝達することが挙げられる。環境会計は、今日強く叫ばれている企業の社会的責任（Corporate Social Responsibility:CSR）の一翼を担う比較的新しい会計の一分野である。古典的な財務会計は、主として企業に持分を有する者（株主、債権者など）に対して説明責任を果たす役割を持つもので、それ以外のステイクホルダーに対する説明責任は軽視されがちであった。しかし、企業が国境を越え積極的にグローバルな商業活動を行う現代においては、単に利益を追求するだけの企業活動はもはや後進的であり、株主や債権者以外のステイクホルダーを意識しなければ、長期的な競争に勝ち残ることができなくなってきている。消費者は、むろん企業の直接のステイクホルダーであり、企業の提供する商品（製品）やサービスを選別し、市場から排除する力さえ有している。根拠のないデマゴーグや浮ついた流行に消費傾向が左右されることもあるが、以前に比べれば、消費者に対しても企業そのものが持つ良識が開示されつつある。環境情報は、その企業が持つ良識がいかに商品（製品）やサービスに還元されているかを測るバロメーターとなっており、消費者が商品（製品）やサービスを取捨選択する際の一つの指標ともなっている。もちろん、一企業が環境に及ぼす影響は、たとえば温室効果ガスのように国境を越えて全世界的に及ぶため、日本国内単体の影響のみで計られるべきではなく、グローバルな集計と視座に立って考慮されるべきである。消費者にとっても商品（製品）またはサービスの購入、契約の締結などをする際に、企業の環境に対する取組みが意思決定の重要な要素の一つになってきているのである。本稿では、

消費者に対する環境情報会計が企業の財務諸表でどのように開示されているか、またそれが消費者にどのような影響と利益を与えているかについて、グローバルな視点を踏まえつつ分析・検討し、今後の課題を模索する[1]。

第2節　社会関連会計の意義

　企業は利益を追求することを第一義とするが、その活動はあらゆる人的もしくは物的関連性を伴って行われており、特に規模が拡大すればするほど、社会全体に対する影響を軽視できなくなる。古典的な財務会計は、主として資本提供者である株主あるいは債権者などの限られたステイクホルダーに対する説明責任（アカウンタビリティ）をより機能的に果たすものとして形成されてきた。しかし、社会全体への説明責任を果たすために、株主や債権者以外のステイクホルダー（たとえば、その企業の商品やサービスを購入する消費者など）に企業情報を開示するためには、貨幣的尺度を用いて財務情報を開示するのみでは不十分であり、これらに加えて非財務情報（たとえば企業の環境問題への取組みなど）を開示する必要が生じてきた。社会関連会計は、そのような社会報告を「組織の経済活動の社会的および環境的影響を社会内部の特定の利害関係者集団および社会全体に対して伝達するプロセス」として定義するものである[2]。ここでは、旧来のアカウンタビリティの概念を

---

(1)　消費者に対する企業の社会的責任に関する先行研究として、小田切純子「消費者のための会計情報ディスクロージャーについて──環境情報の開示を中心に──」日本消費者教育学会編『消費者教育（第13冊）』（光生館、1993年）および小田切純子「対消費者責任と会計情報」日本消費者教育学会編『消費者教育（第14冊）』（光生館、1994年）。

(2)　R. Gray, D. Owen, K. Maunders, "Corporate social reporting-accounting and accountability", 1987, Prentice/Hall International (London). なお、同書の邦訳として、山上達人監訳・水野一郎＝向山敦夫＝國部克彦＝富増和彦訳『企業の社会報告──会計とアカウンタビリティ──』（白桃書房、1992年）。また、1996年に刊行された原著の改訂版の邦訳として、R・グレイ＝D・オーエン＝C・アダムス・山上達人監訳・水野一郎＝向山敦夫＝國部克彦＝富増和彦訳『会計とアカウンタビリティ──企業社会環境報告の変化と挑戦──』（白桃書房、2003年）。

第5章　グローバル環境会計情報の開示と消費者利益

拡張する必要性があり、持分を有しないステイクホルダーに対しても説明責任が生じる[3]。なぜならば、現代の大企業はすでに利益のみを追求する一事業体としてではなく、社会の構成員としての繁栄を目指す社会的な存在意義を有するものだからである。そのために、ステイクホルダーに開示される情報は、貨幣的・数的に表現できうるものだけではなく、たとえば、報告書などの叙述情報も含まれる。これらの情報は、真実であることは当然のこととして、消費者などの企業にとっての直接のステイクホルダーが、その内容を読み取り、企業に対して直接あるいは間接的にレスポンスすることによって、当該企業のみならず社会全体の利益につながるものでなければならない。企業は、開示した非財務情報を含む会計情報に対するステイクホルダーからのレスポンスを斟酌して、さらにフィードバックすることによって、市場の判断を問うのである。

　次節で述べる環境会計は、社会関連会計の中でも現在最も重視されている分野である。地球環境は、いまや切迫した状況にあり、たとえば、オゾン層の破壊や地球温暖化現象、酸性雨問題など、地球規模での自然環境の破壊が問題とされている。現代の資本主義経済・資本主義企業は、いわば地球の自然環境を犠牲にして成長を続けてきたと言っても過言ではない。地球環境の破壊が経済問題へもたらす影響について最初に問題提起がなされたのが、1987年、イギリスで公表された『ピアース・レポート（Blue Print for a Green Economy）』である[4]。このレポートの中で提唱されている「持続可能な開発（sustainable development）」という概念は、社会関連会計および環境会計に通底する重要な前提である。すなわち、「持続可能な開発」への転換がみられず、このまま世界中の多くの国々が、資本主義経済の名のもと、過剰な自由競争・経済開発を続けた場合、地球そのものが退廃しやがては滅

---

(3)　小田切純子「消費者と会計情報ディスクロージャー」彦根論叢283号・284号、208頁。
(4)　山上達人『環境会計の構築──社会関連会計の新しい展開──』（白桃書房、1996年）195頁。

亡してしまうだろうということである。したがって、経済活動の主体をなす企業は、短期的にみれば自らの利益を損なう選択をしたとしても、「持続可能な開発」を意識した場合、地球環境全体に利益になることであれば、これを是とするという考え方である。

以下、本稿では社会関連会計の中心をなす環境会計に論点を絞って論述する[5]。

第3節　環境会計

1　環境会計の位置づけ

環境会計とは、持続可能な循環型社会を構築するために、我々が機能させるべき一つのツールである[6]。地球温暖化などに代表される、現代の気候変動の悪化状況は、もはや人類全体の課題であり、一国、一地域、一企業だけの努力や改善では解決し得なくなってきており、様々な側面からのグローバルな取組みが要求されている。環境会計は、その取組みのツールとして、1990年代から社会関連会計の一体系として採用されている企業のステイクホルダーに対する責任説明の手段である。わが国においては、各企業のIR（Investor Relations：投資家向け情報）の一形態として、環境報告書などの形式をとって、自発的な企業行動として、また環境経営を実行するためのマネジメント技術としての環境会計が実践されていたが、2000年に環境省が「環境会計システムの導入のためのガイドライン」を公表し、一応の統一基準が示された。ここで、本ガイドラインは環境会計について「企業等が、持続可能な発展を目指して、社会との良好な関係を保ちつつ、環境保全への取組を効率的かつ効果的に推進していくことを目的として、事業活動における環境

---

(5)　社会関連会計の黎明期における各国の社会関連情報の開示状況については、山上達人＝飯田修三編著『社会関連情報のディスクロージャー——各国企業の社会関連情報開示の実態——』（白桃書房、1994年）参照。
(6)　勝山進『環境会計の理論と実態〔第2版〕』（中央経済社、2006年）4頁。

保全のためのコストとその活動により得られた効果を認識し、可能な限り定量的（貨幣単位又は物量単位）に測定し伝達する仕組み」と定義している。ただし、これは法令ではなく、あくまでもガイドラインの範疇を越えないものであり、したがって強制力はなく制度会計の一翼を担うものではない[7]。その後、本ガイドラインは2002年と2005年に改訂され現在に至っている[8]。また、地球温暖化の原因となる温室効果ガス（二酸化炭素、メタン、フロン、亜酸化窒素など）の削減を目標とする京都議定書が2005年に発効しており、これも企業が各種ステイクホルダーに責任説明する際の一つの基準となっている[9]。

2 「環境会計ガイドライン」の概要

　我が国において、企業が環境会計を採用する際の指針となっているのが、「環境会計ガイドライン」である。これは、2000年に環境省が「環境会計システムの導入のためのガイドライン」として最初に公表し、その後、2002年の改訂を経て、2005年版が最新のものである。「環境会計ガイドライン」は、その名の表すとおり、企業の環境に関する取組みを会計報告として表現できる部分の測定基準や報告形式に一定の統一性を与えるもので、具体的な開示フォーマットも記載されている。ただし、前述したようにこれは法令ではなく、あくまでも実務規範であり、また、その内容が従来の会計が担う範囲、すなわち貨幣的又は物量的に測定できる項目にほぼ限定されている、という点に限界が見られよう。したがって、「環境会計ガイドライン」に沿って作成された会計情報をもって、投資判断や購入判断をしようとする投資家や消費者などのステイクホルダーは、貨幣的または物量的に測定することのでき

---

(7)　國部克彦＝伊坪徳宏＝水口剛『環境経営・会計』（有斐閣、2007年）19頁。
(8)　環境省「環境会計ガイドライン2005年版」環境省ホームページ〈http://www.env.go.jp/policy/kaikei/guide2005.html〉。
(9)　宮地晃輔「京都議定書発効後における消費者教育の必要性と環境会計の役割」中部消費者教育論集1号69頁。

第 3 節 環境会計

ないその他の叙述情報（たとえば、企業が作成する CSR 報告書中に含まれている環境報告情報など。これについては後述する）にも留意する必要がある。以下、最新版である「環境会計ガイドライン（2005年版）」の内容について概観してみたい[10]。

3 「環境会計ガイドライン（2005年版）」

「環境会計ガイドライン（2005年版）」は、冒頭でまず従前の「環境会計ガイドライン（2002年版）」からの改訂のポイントとして、環境保全コストの性格に応じた分類の提示（ア）、環境保全効果の見直し（イ）、環境保全対策に伴う経済効果の概念の再整理（ウ）、環境会計の開示様式の体系化（エ）、内部管理表の整理・見直し（オ）、などを挙げている。いずれも、企業実務の実情を鑑みて、環境会計情報開示に際しての利便性に配慮したものである。

続いて「はじめに」の部分では、「環境会計ガイドライン（2005年版）」の目的などが述べられている。このうち、「(3)環境会計の必要性の箇所」では、「公共財としての環境資源を用いて事業活動を展開する企業等は、消費者、取引先、投資家、従業員、地域住民、行政等の利害関係者（ステイクホルダー）に対して説明責任（アカウンタビリティ）を有しています。環境会計情報の開示は、そうした説明責任を履行する重要な手段の一つであり、その結果、企業等の社会的信頼が高まり、適正な評価を確立していくことにつながります」[11]と述べられ、環境会計の分野においても企業とステイクホルダーとの間にアカウンタビリティが確固として存在していることを確認している。

また、「１．環境会計とは」の箇所では、まず環境会計の定義として、「本

---

(10) 「環境会計ガイドライン（2005年版）」は、2014年現在、環境省のホームページからダウンロード可能となっている（前掲注(8)参照）。なお、ガイドライン本編のほか、「公表用フォーマット本表」、「公表用フォーマット附属明細表」、「内部利用のための管理表」、「環境会計ガイドライン2005年版参考資料集」、「環境会計ガイドライン（英語版）」についてもダウンロードできる。
(11) 環境会計ガイドライン・前掲注(8) 1 頁。

第 5 章　グローバル環境会計情報の開示と消費者利益

　ガイドラインが取り扱う環境会計は、企業等が、持続可能な発展を目指して、社会との良好な関係を保らつつ、環境保全への取組を効率的かつ効果的に推進していくことを目的として、事業活動における環境保全のためのコストとその活動により得られた効果を認識し、可能な限り定量的（貨幣単位又は物量単位）に測定し伝達する仕組み」[12]と述べられており、環境会計の取り扱う範囲を確認している。この文中で、「可能な限り」とあるのは、本来、会計が対象とすべき「貨幣単位又は物量単位」では測定することができない事象についても、環境会計においては対象としていかなければならないことを示唆するものであろう。したがって、「貨幣単位又は物量単位」で測定できない事項については、貸借対照表や損益計算書といった伝統的な財務諸表およびその附属明細書などを用いるのではなく、他の何らかの方法を「会計的な」手法を用いて伝達すべきことを表している。

　さらに、ガイドラインは、環境会計の機能と役割（内部機能と外部機能）の有用性を述べ、また、一般的要件（①目的適合性、②信頼性、③明瞭性、④比較可能性、⑤検証可能性）について述べている。これらは、環境会計の「会計」としての側面を確認するものであり、旧来の会計の一般原則に対応するものであろう[13]。

　なお、このガイドラインで扱う環境保全コストは、企業等が環境保全のために負担したコスト（私的コスト）であり、第三者や社会全体が被っている健康被害や環境汚染等の負担（社会的コスト）は対象としていない旨の記述がある[14]。これは、社会的コストについては、現在の会計技術では測定が困難あるいは不確実なものになってしまうと考えられているためであろう。

　続いてガイドラインは、環境会計の基本となる重要な事項として、まず環境会計に取り組む目的を明確にしておくべき旨を述べ、その実施に際して、

---

(12)　環境会計ガイドライン・前掲注(8) 2 頁。
(13)　環境会計ガイドライン・前掲注(8) 3 頁〜8 頁。
(14)　環境会計ガイドライン・前掲注(8) 8 頁。

①対象期間、②集計範囲、③環境保全コストの把握、④環境保全効果の内容および算定基準、⑤環境保全対策に伴う経済効果の内容および算定基準について具体的に定めるように要請している[15]。ここでは、①と②の事項について例示があり、③以下の事項については、後に個別に項目を設けて詳細な説明が加えられている。なお、より例示的な実務向けの情報は「環境会計ガイドライン2005年版参考資料集」にまとめられており、実務上の便宜を図っている[16]。

第4節　CSR 報告書

1　CSR 報告書の概要

　前節で述べた環境会計のスキームは、近年多くの企業が公表しているCSR 報告書にも含まれている[17]。CSR とは、Corporate Social Responsibility の略称で、わが国では企業の社会的責任と訳出される。CSR 報告書は、企業が負っている社会的責任について、①組織の統治、②環境、③人権、④労働慣行、⑤公正な事業、⑥消費者課題、⑦コミュニティ参画・社会開発について各種ステイクホルダーに報告をなすという目的がある[18]。第1節で述べた社会関連会計は、企業の社会全体に対するアカウンタビリティを果たすために、会計という技術を使用してステイクホルダーに対して伝達するものであるが、CSR 報告書は、会計という範疇に留まらず、広く（たとえば叙述的表現なども用いて）、不特定多数の社会全体に対して社会的責任を説明す

---

(15)　環境会計ガイドライン・前掲注(8) 9頁。
(16)　わが国の企業の環境報告書の詳細な分析として、國部克彦＝平山健次郎編・財団法人地球環境戦略研究機関（IGES）関西研究センター著『日本企業の環境報告——問い直される情報開示の意義——』（財団法人省エネルギーセンター、2004年）。
(17)　谷本寛治編著『CSR 経営——企業の社会的責任とステイクホルダー——』（中央経済社、2004年）。
(18)　勝山進教授は、これら7項目に「企業の業績（経済）」を加えて、8つの指針、すなわちエイトボトムラインを形成すべきだと主張されている。勝山進「CSR の進展と会計制度の確立」税経通信62巻5号3頁。

第5章 グローバル環境会計情報の開示と消費者利益

るものである。企業実務的には、CSR報告書を構成する項目のうち、環境に関する部分については、前述した「環境会計ガイドライン」に沿って作成するなど、会計に関する確固たる指針がある項目についてはそれに沿ったより精緻な報告書を作成する努力がされている[19]。

　ここで、企業が負っている社会的責任とはより具体的に何を指すものなのだろうか。この内容について、宮地晃輔教授は以下のように述べられている。「企業等のあらゆる組織は、その経営（運営）にあたっては、組織から発生する不祥事を未然に防止することおよび社会的公正性や環境保全の実現等に資する活動を行うことが組織の継続性や永続的発展に繋がるという視点に立ってあらゆる活動を行うこと、またこれらの活動に関する組織の情報を積極的にステイクホルダーに公表してアカウンタビリティを果たすとともに、両者のコミュニケーションを強化し、総合的に組織の社会・経済・環境に関するパフォーマンスを良質なものにすること」[20]。この見解によれば、CSR報告書は、貨幣的・物量的に測定できる会計情報のみからなるわけではないが、企業とステイクホルダー間のコミュニケーションツールとして有用なものといえよう。ことに、企業と消費者とのコミュニケーションに限定していえば、消費者はCSR報告書で企業の社会・経済・環境に対するパフォーマンスを確認し、自らの消費者行動をもって企業の商品（製品）やサービスを選択することができるのである。

　なお、CSR報告書全体の作成ガイドラインとしては、その作成や普及を目的として設立されたNGO団体であるGRI（Global Reporting Initiative）が作成した「持続可能性ガイドライン（Sustainability Reporting Guideline）」[21]がある。世界中の多くの企業がこのガイドラインに沿ってCSR報告書を作成している[22]。

---

(19)　水尾順一＝田中宏司編著『CSRマネジメント──ステークホルダーとの共生と企業の社会的責任──』（生産性出版、2004年）。
(20)　宮地晃輔「CSR会計の進展による消費者利益への貢献」中部消費者教育論集3号31頁。

2 CSR会計

(1) CSR会計の概要

　CSR会計とは、CSR報告書に含まれている各ステイクホルダーに向けて開示・報告する際に採用されている会計をいう。CSR会計も、前述したGRIのガイドラインに準拠して作成されているが、会計については各国固有の基準によらざるをえないため、わが国の企業については、前節で述べた「環境会計ガイドライン」にも考慮しながら作成されている。CSR会計は、環境会計を敷衍したものであるともいえるが、扱う事項が環境に関することのみではない点で異なる。したがって、いまだ確立した基準がなくCSR報告書とのコンバージェンスを積極的に検討すべきとの指摘もある[23]。世界的には共通の会計に関するガイドラインを策定する動きもあり、比較可能性の高い統一されたガイドラインの登場が待たれるところである。

(2) CSR会計の具体的開示例

　CSR会計の具体的開示例として、環境会計の推進に積極的な姿勢を示す消費財メーカーであるユニチャーム社の取組みを取り上げて見てみたい[24]。ユニチャーム社は、紙おむつ、マスク、ペットケア用品など主に紙を主原料とした生活用品を製造する国内メーカーである。同社では、2003年のCSR報告書から、CSR会計による報告を同社ホームページの「CSR・環境」というページで項目の一つとして開示している。これは、各ステイクホルダー（「お客様」、「株主」、「お取引先」、「社員」、「社会」が挙げられている）別に価

---

(21)　最新の第4版が2013年5月に公表され、次のホームページからダウンロードできる。Global Reporting Initiative: G 4 Sustainability Reporting Guideline〈https://www.globalreporting.org/reporting/g 4 /Pages/default.aspx〉.
(22)　山上達人＝向山敦夫＝國部克彦編著『環境会計の新しい展開』（白桃書房、2005年）146頁。
(23)　勝山・前掲注(18) 3 頁。
(24)　具体的な企業の環境会計の開示例を解説している文献として、國部克彦『環境会計の理論と実践』（ぎょうせい、2001年）129頁以下（リコー、ソニー、大阪ガス、ローソンなどの環境会計に関する取組みが取り上げられている）。

第 5 章　グローバル環境会計情報の開示と消費者利益

値・評価を高めるためにどの程度費用を使い、どのような効果が出たかを検証するツールとして機能している[25]。2013年12月現在、同社が2012事業年度に、各ステイクホルダーに向けて、どのようなテーマで、どれだけの費用を使ったかは以下のように記述されている。

> ①　お客様→「尽くし続けてこそ NO. 1 の精神で安心で安全な製品を社会へご提供します。お客様とのコミュニケーションを図り、お客様からの意見を広く求めていきます。」費用額（1,244,347千円）
> ②　株主→「持続的な成長による企業価値の向上と公正な情報開示を行い、株主様との強い信頼関係を築いていきます。」費用額（58,709千円）
> ③　お取引先→「サプライヤー様各社と協働し、綿密な連携を行いながら、徹底した品質管理に取り組んでいます。お得意先様とは業界総資産拡大に向けた活動を推進していきます。」費用額（135,141千円）
> ④　社員→「社員が、いきいきと過ごせるように、人事制度と職場環境の整備を進めていきます。グローバル展開に合わせて、グローバルで活躍できる人材を育成します。」費用額（1,086,906千円）
> ⑤　社会→「消費財メーカーの使命として持続可能な循環型社会の実現に向けて様々な取り組みを実施します。」費用額（2,293,275千円）

続いて、ホームページでは各ステイクホルダーごとの、さらに詳細な項目と費用が示されているが、ここでは本稿の論点である「①お客様（すなわち消費者）」と「⑤社会（環境問題が含まれる）」について抜粋し考察してみたい。

「お客様」については、総額で12億4434万7000円がコストとして支出されているが、その内訳は、①商品開発・品質保証に4238万6000円、②お客様とのコミュニケーションに12億0196万1000円である。①の具体的な実行プランとしては、品質保証の取組み、わかりやすい商品情報の表示、お客様情報のフィードバック、安全性確保の取組み、自主基準・法の遵守が挙げられ、②の具体的な実行プランとしては、ベビータウン調査・座談会、お客様相談セ

---

(25)　ユニチャーム社ホームページ「CSR・環境」〈http://www.unicharm.co.jp/csr-eco/accounting/index.html〉。

ンター対応、お客様情報モニタリング、市場調査、広告、PR実績、キャンペーンが挙げられている。なお、これらのコストに対して得られた効果については、ベビーケア用紙おむつ、大人用紙おむつ、ペット防臭シートなど同社の主力製品の名称を挙げ、どの製品に効果が振り分けられているかについてシェア表示（パーセント）をもって表示している。

　また、「社会」については、総額で22億9327万5000円がコストとして支出され、その内訳は、①環境保全に17億2489万0000円、②社会貢献に5億6838万5000円である。①の具体的な実行プランとして、環境会計の実施が挙げられ、②の具体的な実行プランとしては、工場見学、地域の子どもたちとのかかわり、地域協賛、各種フォーラム・イベント協賛、商品提供、福祉活動協賛、東日本大震災復興支援が挙げられている。これらのコストに対して得られた効果として、環境配慮型商品比率の増加、エネルギー費用の削減、リサイクル推進による適正処理、リサイクル素材売却による収入などが挙げられている[26]。

第5節　消費者利益の今後のあり方

1　企業側の課題

　前節まで現行の環境会計の開示のあり方を見てきた。環境問題への取組みに意欲的な企業はもちろんのこと、種々のガイドラインの公表により、世界的に多くの企業が環境会計情報をステイクホルダーに向けて開示している。これは、環境に配慮した経営を行い、それをステイクホルダーに適時に正確に報告することが企業間競争に勝ち、ひいては企業そのものの繁栄にもつながっていくという意識の高まりの現れでもある。しかし、環境会計そのもの

---

(26)　環境保全コストに対する効果については、CSR報告のページではなく、別に設けられた「環境会計」のページ〈http://www.unicharm.co.jp/csr-eco/environment/accounting/index.html〉に記述されている。

第5章　グローバル環境会計情報の開示と消費者利益

が会計の長い歴史から見れば、まだ黎明期にあるといえ、理論的にも実務的にもグローバルな基準が定まっていないというのが現状であって、個々の企業の会計環境情報には情報量などに差があり、グローバルな比較可能性という点で課題がある[27]。わが国においても、CSR報告書を開示している企業は1000社を超えているが、いまだ開示内容に偏りがあり、また情報量が膨大であることから、比較可能性や理解可能性に欠けることが指摘されている[28]。したがって、後述するように、消費者側からの意識向上のアプローチも重要であるが、企業側からも比較可能性や理解可能性を高めるような環境会計情報の開示方法を模索するべきであるし、そのための共通のルール（たとえば、現行のGRIのガイドラインやわが国の「環境会計ガイドライン」をより簡便に統一したもの）の策定が必要であろう[29]。また、年々その手法が変動する会計という性格上そぐわない側面もみられるかもしれないが、消費者をはじめとしたステイクホルダーの便宜を図るため、環境会計についてもある程度の法制度化が必要なのかもしれない。いずれにせよ、グローバルな環境保全を軽視する企業は市場から退出すべしという空気が醸成されつつある現代において、消費者や投資家の支持や理解を得ることは、市場で生き残っていくための重要な方策の一つであり、環境会計およびCSR会計はその最先鋒のツールであるといえよう。

2　消費者側の課題

企業に対するステイクホルダーとしての消費者が、企業が発信する環境会計情報を双方にとって有効なコミュニケーション・ツールにするためには、

---

(27)　環境会計導入に関する企業意識について述べている文献として、宮地晃輔『日本企業の環境会計——信頼性の確立に向けて——〔増補版〕』（創成社、2005年）。
(28)　勝山・前掲注(18) 3頁。
(29)　日本型の環境会計の構築について述べている文献として、水口剛『企業評価のための環境会計』（中央経済社、2002年）。

第5節　消費者利益の今後のあり方

　まず第一に消費者自身の環境保護に対する意識を高めていく必要があるだろう。本稿は、あくまでもツールとしての環境会計情報を扱うものであるため、環境保護や環境保全そのものの内容については触れていない。しかし、環境保護や環境保全の問題が、いまや持続可能な社会を実現していくためのグローバルな認識であり前提であることは明らかであり、ただ闇雲に価格やサービスの内容のみに志向して購買に至ることは、ある意味、消費者の社会的責任（Consumer Social Responsibility）を果たさないことになろう。したがって、まず消費者自身が環境保護や環境保全に関する見識を深め、これを商品（製品）やサービスの購買などの消費者行動に投影させていく手立てが必要であると思われる。現在、グリーン・コンシューマー（Green Consumer）と呼ばれる一部の啓発された消費者は、企業への抗議活動を含めた環境問題に対して先進的な活動を行っている状況があるが[30]、これが一部の消費者にとどまらない、一般的な消費者行動に移行していくことが望まれよう。

　第二に、消費者自身の環境会計リテラシーを向上させていくことが挙げられる。環境会計に関する各種ガイドラインに沿って作成された企業の環境会計報告は、通常、企業のIR（Investor Relations:投資家情報）の一部として開示されていることもあって、理解しやすいような工夫がされている。しかし、会計そのものが持つ専門性からすると、投資家ではない一般の全ての人々が理解できるものかといえばそうではないし、また、邪推すれば種々のガイドラインの多様性と会計の専門性から、企業にとって不都合な情報はあえて読み取りづらくなっている部分も含まれているのではないだろうか。これは同時に、環境会計報告を誰でも理解可能なものにするという企業側の努力も必要なのだが、消費者が積極的にホームページ等で企業の環境会計報告を閲覧し、理解し、消費者行動に投影させるという意識の向上が必要となろう[31]。また、環境会計リテラシー向上のために、環境問題に先進的な考えを持つ消

---

(30)　國部克彦『環境会計〔改訂増補版〕』（新世社、2000年）29頁。

第 5 章　グローバル環境会計情報の開示と消費者利益

費者団体などが、企業の環境会計情報を分析し、わかりやすく啓蒙活動を行うなどの働きかけも有効であろう。

---

(31)　企業等の環境会計報告は、企業独自のホームページで開示されることが主流である。インターネットの特性として、(閲覧制限等がかからなければ) 全世界の企業のホームページを閲覧できるという点がある。したがって、日本製品だけではなく、いまやグローバルに競合する全世界の企業の商品 (製品) またはサービスについても、その企業の環境会計情報を閲覧することによって、消費者としての権利 (環境にやさしい企業の製品を購入するなど) を行使することが可能である。

第6章

消費者問題のグローバル化に対する国際連携

第6章　消費者問題のグローバル化に対する国際連携

第1節　はじめに

「グローバル化」という言葉を耳にせずに生活をすることのない今日、日常生活そのものと密接不可分である消費者問題にも例外なくその波が押し寄せている。

「消費者問題のグローバル化」を分析・検討する際に設定される視点・論点は一様ではなく多岐にわたる。そこで、本章においては、「消費者問題のグローバル化」について設定し得る視点を三つに大別し、それぞれの視点についての先駆的な取組実例等を紹介しつつ、各課題とそれぞれの視点の関係性について若干の考察を行いたいと思う。それによって、「消費者問題のグローバル化」という問題の全体像を俯瞰的に把握するためのインデックス的な役割を果たすことを本章の目的としたい[1]。

第2節　消費者問題のグローバル化とは：三つの視点

グローバル化する消費者問題の全体像を把握するために、本章においては、以下の三つの視点を設定したいと思う。

1　視点の1：クロスボーダー消費者紛争への対応

まずは、消費者トラブルそのものが越境する「消費者トラブル・紛争のグローバル化」というテーマについて考えてみたい。大陸的な国境を有しない日本においても、インターネットの普及によって、海外との商品・サービスの取引は、決して限られた人たちが行うことではなく、日常的で身近なもの

---

[1]　本章における意見・見解は筆者の私見であり、所属する組織の意見・見解を示すものではない。

となっている。取引が身近なものとなれば、当然にそれに伴うトラブルも増加することは、国内のこれまでの消費者問題が辿った歴史的な経緯からも自明のことである。トラブルの当事者、それを引き起こす要因が国内にとどまる場合とは異なる、クロスボーダー消費者トラブル・紛争であるがゆえの問題に関し、その解決を試みようとする取組みを参照しながら検討したいと思う。

2　視点の2：消費者政策の立案・法執行における国際連携

　次に、消費者紛争の未然防止・拡大防止のための、多国間で協力して行う法執行や情報提供、そして、消費者政策の立案の国際協調といった、「グローバル化する消費者問題」への政策的対応の観点から本問題を捉えたいと思う。

　消費者トラブルや紛争がグローバル化する要因として、それを引き起こす悪質なビジネススキームが、これまでにはなかったスピードで世界中に展開されていっている点がある。

　ある国で問題となったビジネススキームは、その国固有の問題ではなく、他の国においても消費者被害をもたらす可能性が少なくないのが今日の状況であろう。

　悪質なビジネススキームによる消費者被害を未然に防止するためには、その伝播と同じスピードで、法執行やそれを可能にする立法・政策立案が必要になってくる。本来であれば、事後的に対応するのではなく、同様の消費者問題が発生する前に対応できることが理想であろう。そのためには、一つの国が経験し構築した対応策について、いち早く各国間で共有することが重要になってくる。そのための国際的な情報共有、協調的な法執行等への取組みを可能にしているスキームを紹介し、その課題について検討したい。

3　視点の3：開発途上国への社会制度整備支援

最後に、前述の二つ目に設定した観点の発展的視点とも位置づけることができるが、経済利益の優先や市場原理の尊重といった論調の修正機能を果たすための消費者保護政策と規制の世界的なハーモニゼションの必要性を踏まえつつ、「開発途上国への知見の提供・制度整備支援」という視点から消費者問題のグローバル化について考えてみたい。

日本においても、環太平洋パートナーシップ（以下、「TPP」という）の交渉をめぐって大きな議論と関心を呼んでいるところであるが、TPPの「競争政策分野」において、消費者保護について、参加国間の情報共有・協力が言及されているほか[2]、「電子商取引分野」においても消費者保護についての交渉に進展がみられる。

経済や市場原理の議論からは、ともすれば、消費者保護のための規制は自由で円滑な取引や貿易を阻害する要因とも捉えられやすく、これは杞憂という言葉では片付けられない問題といえる。

上記の点を踏まえつつ、自国の消費者の安全・安心の確保のみならず、他国、ひいては、世界規模での消費者の安全・安心と公正で適正な市場の確保といった観点から、開発途上国への法整備・行政機構整備の支援について考えてみたい。

第3節　クロスボーダー消費者紛争への対応

1　クロスボーダー化する消費者トラブル・紛争の現状

消費者庁が試験的に開設している越境取引に関する消費者トラブルの相談

---

(2) 消費者保護当局間の協力等消費者保護法に関する事項については、競争章（CHAPTER 9 COMPETITION POLICY）が競争法とその執行や協力について定める章であることから、当該章にはなじまないとの立場を日本はとっている。

第 3 節　クロスボーダー消費者紛争への対応

窓口である「消費者庁越境消費者センター」(Cross-Border Consumer Center Japan。以下、「CCJ」という)には2012年度に1845件の相談が寄せられている。CCJ は2011年11月より相談受付を開始しており、同年度[3]581件の相談を受け付けている。単純に期間按分して比較をすると、1年間でその相談件数は3割近く増加している[4]。

また、消費者庁が2010年10月に実施したアンケート調査[5]によれば、インターネットを介した海外取引経験を有する者のうち、約2割が海外との取引でトラブルを経験したと回答している。

海外からの商品の個人輸入に関する相談が増加した背景の一つとして「インターネットの普及」があることは否めず、国境を他国と接することのない日本の消費者にとっても「越境取引」が、決して非日常的なことではなくなってきている。このような状況に鑑みれば、クロスボーダー消費者トラブルの増加は趨勢といえるだろう[6]。

上記の消費者庁が実施したアンケート調査によれば、トラブルに巻き込まれた消費者のうち、約3割が事業者にコンタクトをとることなく、いわゆる「泣き寝入り」をしている。その理由としては、「問い合わせても、解決すると思わなかった」が36％と最も多く、次に多かったのは「外国語での問い合わせに自信がなかった」(28％)となっている。上記の消費者の反応は、クロスボーダー消費者トラブルの解決を妨げる要因を的確に示すものであると考える。言語、適用される法律(準拠法)、解決の場所(管轄)といった、国

---

[3]　2011年10月17日(日)から2012年3月28日(水)まで。
[4]　ベリトランス株式会社「越境取引に関する消費者相談の国際連携の在り方に関する実証調査」(平成24年度消費者庁委託調査)の相談件数等の統計的分析は、2013年2月8日時点の状況に基づいて行われている。
[5]　消費者庁消費者政策課「越境取引に関する調査の概要について」(2011年1月13日)。
[6]　参考ではあるが、日本経済新聞の記事(2012年1月24日)によると、インターネット通信販売の大手「楽天市場」の取扱高は、2011年に初めて1兆円を突破する見込みで(2012年11月20日日本経済新聞の記事によると、楽天の売上高は直近で1.1兆円とのことである)、同社は設立14年で1兆円の大台を超えることとなる。単純に比較することはできないが、大手百貨店の一つである三越伊勢丹ホールディングスの売上高に並ぶ規模となる。

内取引での消費者トラブルの解決においては問題となることのない、解決の場の前提からして整える必要があるのがクロスボーダー消費者トラブルの特性であり、その解決を困難にする要因であるといえる。

2 クロスボーダー消費者トラブル解決への取組み

(1) EUにおけるECC-NETの運用

人とモノが国境を越えて往来することが日常となっているEU圏において、その状況下で発生した消費者トラブルの解決を図る仕組みとして、ECC-NET（European Consumer Centers Network）が、EUおよび29の参加国政府によって運用されている[7]。

EU圏においても、クロスボーダー消費者トラブルの自主的な交渉による解決に際して、「言語が異なる」ということが大きな障害の一つとなっている。この問題を解決するために、EU圏の各国がConsumer Centerを設置し、自国の消費者から寄せられた相手方国に対する苦情をConsumer Centerが英語に翻訳し、相手国Consumer Centerに取り次ぎ、それを受けた相手国Consumer Centerは自国語に苦情内容を翻訳して苦情の対象者へ伝えるという仕組みを構築し運用しており、ECC-NETと呼ばれている。

ECC-NETのConsumer Centerは、第三者としていわゆる「あっせん・調停」を実施しているわけではなく、苦情内容を翻訳し、相手国に取り次いでいるにすぎないが、クロスボーダー消費者トラブルの解決を阻害する大きな要因の一つに言語の問題がある現状を踏まえると、その活動の意義は大きく、大変有効に機能している。

ECC-NETの取扱件数は6万件を超え、統計によれば、紛争の7割近くが解決しているとのことで、「言語の違い」のみがクロスボーダー消費者トラブルの解決を妨げている要因となっている事案の多さの証左であるともい

---

(7) European Consumer Center Netherlands作成のリーフレット「Extrajudicial dispute resolution in the Netherlands」。消費者庁消費者政策課・前掲注(5)。

え[8]、ECC-NETの取組みは他の地域にとっても示唆に富むものであろう。なお、ECC-NETに多く寄せられる越境トラブルの一つは、航空券に関するトラブルである。相談の手法としては、電子メールやWEBサイトからのアクセスが約4割を占めており、クロスボーダー消費者トラブルの解決手法として、ITの利用が有効であることを示している。

(2) 日本における取組み:「消費者庁越境消費者センター」(CCJ)

日本においても、このECC-NETのスキームをモデルとし、アジアにおける消費者トラブル相談窓口の連携の実証実験(ICA-Net構想:International Consumer Advisory Network[9])が2008年8月から2010年3月にかけて実施されている。

同実証実験の報告書によれば、相談(苦情)を翻訳して取り次ぐことによって解決できる事例は少なくないことが指摘されている。ただし、詐欺等の虚業的取引において、その限界があることもあわせて課題として挙げられている。

また、相談対応を通じて、法制度の改善や各国間の法制度協調に向けた課題の抽出が可能となる旨も成果として報告されている。この点は、日本において、消費者相談の分析を各種法制度の改正・整備につなげているスキームが、グローバル化しても活用可能であることを示しているといえる。

こうした蓄積を踏まえ、現在、前述のCCJが2011年11月より試験的に運営されている。

CCJは、日本の消費者と海外の事業者との間の取引において紛争が生じた場合に、消費者に対して解決のための援助を行っている。日本の消費者か

---

(8) 早川吉尚「UNCITRAL Online Dispute Resolution Working Group」JCAジャーナル2011年7月号7頁。
(9) 越境Eコマースに関する消費者トラブル相談窓口の国際ネットワーク。2007年11月よりプロジェクトが開始され、2008年12月～2010年3月に実証実験が行われた。同プロジェクトへの参加国は、日本(経済産業省)、韓国、マレーシア、フィリピン、ベトナム、シンガポール、タイ(オブザーバーとして、アメリカ、台湾、中国)となっている。

第6章　消費者問題のグローバル化に対する国際連携

らの相談を受け付け、消費者に対して自主交渉のためのアドバイスや情報提供・翻訳支援などを行うほか、案件に応じて、協力国の窓口へ相談内容を取り次ぎ協力国の窓口から当該事業者へ伝達することによって、解決策を模索するスキームを用意している。

現在、CCJとMOUを締結し正式な提携関係にある海外機関は、CBBB（アメリカ・カナダ）、SOSA（台湾）、CASE（シンガポール）、eInstituto（ラテンアメリカ諸国）の4機関となっており、2012年度以降も引き続き協力機関の拡大を課題としている。　CCJに寄せられる相談のうち最も多い取引類型は電子商取引であり、94％となっている。トラブル類型では、「模倣品到着」が37％と最も多く、次いで「商品未着」が28％となっている。なお、「模倣品到着」については、前年度の29％から大幅に増加している。

CCJにおいては、あっせんや調停などの第三者として主体的に解決策を模索するといったことは実施していないが、CCJがアドバイス等を実施した相談のうち7割以上において、消費者が望む解決がなされており、越境消費者トラブルにおける消費者被害の救済に大きな貢献をしているといえる[10]。

今後の課題としては、提携先となる協力窓口の拡大のほか、クレジットカード会社などの決済手段提供者との連携、消費生活センターへのノウハウの供給が挙げられる。そのためにも、試験的な取組みから恒常的な取組みへの脱却が必要不可欠であろう。

CCJプロジェクトのほか、日本・中国・韓国の3カ国間における取組みとして、2001年以来、独立行政法人国民生活センターと韓国消費者保護院により開催されていた「日韓消費者フォーラム」を発展的に解消し、2004年より、日中韓の消費者政策当局等による協議会が開催されている。2010年8月に開催された本協議会において、3カ国での消費者被害および消費者紛争の

---

(10)　消費者庁消費者政策課・前掲注(5)。

解決と救済に関する協力（日中韓 ADR 構想）について提案がなされ、今後連携を深めていくことで議論がなされており、CCJ の運営とともに今後の動向を注視していく必要があるだろう。

3　オンラインによる ADR への取組み（Online Dispute Resolution）

(1)　国連国際商取引法委員会（UNCITRAL）による取組み

2 で触れた ECC-NET においても、日本の ICA-Net 構想や「消費者庁越境消費者センター」においても、トラブルの解決手段としてインターネットや WEB サイトが活用されていることは、前述のとおりである。クロスボーダー消費者トラブルの解決スキームにおいて共通して見られる点の一つとして IT 技術の活用が挙げられる。

クロスボーダー消費者トラブルが、IT 化によって増加をしたのであれば、その解決手法にも IT 技術を活用しようという、Online ADR (Alternative [11] Dispute Resolution) の発想である。

この Online ADR の統一的ルールの制定に向けた取組みが国連国際商取引法委員会（United Nations Commission on International Trade Law。以下、「UNCITRAL」という）で行われている。2010年 6 月に開催された UNCITRAL 総会において、オンラインでの紛争解決手続を作業項目として採用することが決定され、それを受け、ワーキンググループ（以下、「ODR WG」という）が設置されている。

UNCITRAL が新たに策定する ODR の法規範の基本構想は、2010年12月の会合でまとめられ、そのポイントは以下の点にある[12]。

まず、対象とする紛争は、少額多数被害の紛争（Low Value High Volume Dispute）とされており、消費者紛争が包含されることに疑義はなく、事業

---

(11)　通常、Alternative の略とされることが多いが、Appropriate の略とされることもある（アメリカオレゴン州司法省）。本章においては、クロスボーダー消費者紛争の解決手法としての適性について言及していることから、Appropriate との略とする解釈のほうが適当であるとも考えられる。

109

者間紛争についても排除していない。

　次に、紛争解決の手続として、3種類の手続が用意され、各手続は階層式となっている。具体的には、「自主交渉・あっせん（negotiation）」、「調停（mediation）」、「仲裁（arbitration）」の手続を段階的に踏んでいく構造となっている。これらの手続過程は全てオンライン上でなされるとされていることから、書面により実施されることとなる。

　紛争解決手続の出口段階の手当てとして特徴的な点は、全ての仲裁判断が（プライバシー等に配慮したうえで）WEB サイトを通じて公表されること、また、仲裁判断で示された義務の履行を、認証制度によって担保していることである。

　ADR の特徴として、手続とその結果の非公開性が挙げられることが多い中、全ての仲裁判断を公表するとの制度設計となっている点は非常に興味深い。このような制度設計が議論されているのは、ODR WG が「少額多数被害の紛争」を解決するための世界的な統一ルールを策定することを目指していることによる面が大きいと考える。つまり、統一的な法規範としては、いずれの国においても許容できる原則的なルールを整備しつつ、個々の紛争の解決手続においては、ADR の特徴である柔軟性を活用し、仲介人および当事者の合意しうる妥協点を見出す作業によって、判断基準を積み上げで構築していくといった制度をイメージしている。このため、手続の透明性と判断基準の予見可能性を確保するためにも、結果の公表が不可欠となるのである。

(2)　日本の ADR 手続との比較

　ODR WG で審議が進められている法規範の特徴、特に、書面審査主義と

---

(12)　国連国際商取引法委員会報告書〈http://daccess-dds-ny.un.org/doc/UNDOC/GEN/V11/801/48/PDF/V1180148.pdf?OpenElement〉。また、ODR WG における審議過程や論点については、早川・前掲注(8)に詳しく紹介されている。加えて、早川良尚「越境消費者取引に関する国際的なルール整備状況と課題──UNCITRAL Online Dispute Resolution WG──」国民生活研究53巻2号（2013年）4頁に、「越境電子商取引に関するオンライン紛争解決手続規則案」が紹介されている。

第3節　クロスボーダー消費者紛争への対応

仲裁判断の公表について、日本のADR法制と比較してみたい。

消費者紛争を対象としたADRに関する我が国の法制としては、「裁判外紛争解決手続の利用の促進に関する法律」（ADR促進法）、金融商品取引法等の金融関連業法に規定されている、いわゆる金融ADRおよび「独立行政法人国民生活センター法」が主なものである。

ODR WGドラフトの仲裁判断の公表に類似する制度として、「独立行政法人国民生活センター法」に基づいて設置されている国民生活センター紛争解決委員会（以下、「紛争解決委員会」という）が実施するADR手続の結果概要の公表がある。紛争解決委員会において実施される和解の仲介（いわゆる「あっせん・調停」で、「mediation」に相当）および仲裁については、手続自体は非公開が原則であるが、紛争解決委員会の手続の対象となる「重要消費者紛争」[13]の背後には多数の同種紛争が存在している等の事情があるため、手続が終了し、国民生活の安定および向上のために必要があると紛争解決委員会が認めるときは、手続結果の概要を公表する仕組みが設けられている。この制度に基づいて、紛争解決委員会では、手続終了事案の約7割（2012年度）について結果の概要を公表しており、これらは、各地消費生活センターでの消費者トラブルの解決指針として機能している。このことは、ODR WGで審議されている統一規範の構築と共通するものであり、先駆的な取組みともいえよう。

一方で、紛争解決委員会では、他の同種紛争の解決に与える影響を看過することができないため、当事者の合意のみを斟酌して解決を図ることはできず、個別被害の救済と紛争解決の水準維持という、時に相容れない要素の両立を課題として抱えている[14]。

---

(13)　消費者・事業者間に生じた民事上の紛争のうち、同種多数性、被害の重大性、事案の複雑性などに照らし、解決が全国的に重要な紛争のことをいう（独立行政法人国民生活センター法1条の2第2項、同法施行規則1条）。消費者被害の特性として、一般的に被害額が少額であることが挙げられることから、Low Value High Volume Disputeの概念も包含されると考える。

111

第 6 章　消費者問題のグローバル化に対する国際連携

　この点は、ODR　WG で示されている法規範に沿って実際の ADR 手続の運用を行う際においても共通するジレンマになると推察する。

　実際に対面することなく、遠隔地の当事者同士が物理的な移動を強いられることなく、トラブルの解決を図ることができる点に、ODR の大きなメリットがある反面、どうしても、書面による審査に頼らざるを得ず、その結果として、当事者に書面作成能力が要求されることになる。

　しかしながら、消費者紛争や小規模事業者が紛争の当事者である場合、当事者の書面作成能力が必ずしも高くないことが少なくない。このような場合、書面のみによる形式的な審査では、紛争当事者間に存在する構造的な格差の改善が図られないままに、解決の判断がなされてしまい、問題の所在を的確に把握したうえでの結論とならないことも懸念される。当事者の紛争解決能力が対等でない場合には、仲裁人等、紛争解決手続に携わる者が、当事者に対して後見的な役割を果たし、実質的な中立性を担保できる仕組みが不可欠であろう。

　紛争解決委員会では消費者紛争を対象としているため、当事者間に情報力・交渉力の格差が存在する消費者紛争の構造的な問題を踏まえ、実質的な中立性を確保すべく、消費者の後見的な役割を積極的に果たすことが紛争解決委員会の重要な役割の一つとされている[15]。このための具体的な取組みとして、紛争解決委員会の事務局が、紛争解決の申立段階から、資料収集や論点整理など審議の準備等に関与し、消費者を支援している。

　これらの取組みを ODR の中に取り入れていく一つの方法としては、ODR の申請・手続実施を当事者の住居地の消費生活センターなどがサポートしていくといった工夫が考えられる。

---

(14)　国民生活センター紛争解決委員会の ADR の手続や課題の詳細については、田口義明＝枝窪歩夢「国民生活センター紛争解決委員会による ADR の概要と実施状況――「消費者 ADR の新たな展開」――」現代消費者法 9 号79頁を参照されたい。
(15)　独立行政法人国民生活センター法の改正が審議された際の衆議院・参議院の両内閣委員会の附帯決議（2008年 4 月11日、同年 4 月24日）において言及されている。

いずれにせよ、ODR が少額多数被害の解決に貢献し、その利用者から真に必要とされるためには、オンラインで手続を実施するメリットを当事者が十分に享受しつつ、実質的な中立性を確保する仕組みが不可欠であると考える。

第4節　消費者政策の立案・法執行における国際連携

1　消費者政策の企画立案における国際連携

(1)　OECD 消費者政策委員会（CCP）の役割と活動

前節では、クロスボーダー化する消費者トラブル・紛争の事後的な救済方法について紹介したが、以下では、消費者トラブル・紛争の未然防止・拡大防止の観点から、政策立案・法執行に関する国際連携について、OECD（経済協力開発機構）の枠組みを中心に述べてゆきたい。

1969年に、消費者政策分野における国際協力の発展・強化に貢献するため、OECD に設置されたのが、消費者政策委員会（Committee on Consumer Policy。以下、「OECD CCP」という）である。同委員会は、加盟国間の消費者政策に関する情報およびノウハウの交換や討議、そして協力を推進している。OECD CCP の活動は、OECD 経済産業諮問委員会（Business and Industry Advisory Committee）や国際消費者機構（Consumers International）[16] とも密に連携をとりながら進められている。

OECD CCP において審議・決定された方針は、日本においても、消費者政策の企画立案時に参照され反映されている。

たとえば、OECD CCP における議論の結果に基づいて、1992年に OECD 理事会勧告「電子商取引に係る消費者保護ガイドライン」が採択されたが、

---

(16)　非政府系の消費者団体の国際連絡組織。イギリスに本部を置き、115カ国から約220団体（2008年現在）が加盟している。

113

第6章 消費者問題のグローバル化に対する国際連携

その趣旨を踏まえ、日本においても、2002年に「電子商取引等に関する準則」が策定されている。

また、2007年に採択された「消費者の紛争解決及び救済に関するOECD理事会勧告」に、紛争解決および救済についての国内制度の整備が盛り込まれたことも、国民生活センターへの紛争解決委員会（ADR手続の整備）設置のきっかけの一つとなっているといえる。

このように、OECD CCPで審議された方針は消費者政策の国際的な潮流として位置づけられ、加盟各国における消費者政策の企画立案に反映されている。

(2) ICPEN（消費者保護および執行のための国際ネットワーク）

国境を越えた不正な取引行為を防止するための国際的な取組みを促進するために、1992年、OECD CCPアドホック会合において、ICPEN（消費者保護および執行のための国際ネットワーク：International Consumer Protection and Enforcement Network。以下、「ICPEN」という)[17]が設立された。ICPENは、関係国における消費者行政の法執行当局をメンバーとする非公式の会合である。

恒常的な活動として、参加国の執行機関が収集した一般消費者からの苦情相談を蓄積したデータベースを運用するとともに、その情報等を活用して消費者への注意喚起情報を提供するeConsumer.govプロジェクトや、参加国が同時にWebサイトの監視を行うインターネット・スウィープ、詐欺防止月間キャンペーン等の共同プロジェクトを実施している。

また、年に2回（原則）、参加機関の担当者が一堂に会する会合が開催され、各国におけるホットトピックスや、参加国間同士の協力・連携によるプロジェクト等、先駆的な取組みについて情報とノウハウの共有が図られている。

---

(17) 2003年4月に、IMSN (International Marketing Supervision Network) からICPENへと名称変更がなされた。

第 4 節　消費者政策の立案・法執行における国際連携

　たとえば、日本において、2011年末に口コミ投稿サイトの投稿内容や評価の不正操作が問題となったが、同種の問題と対応事例については、2008年にオランダで開催された同会合で、アメリカの連邦取引委員会（以下、「FTC」という）を中心としたグループより報告がなされており、当時すでにどのように法規制の網をかけるかが議論となった。アメリカ FTC においては、既に同種の問題に対応するため、罰金を含む法規制の整備がなされているとのことである。日本では、2011年10月に消費者庁が「インターネット消費者取引に関する景品表示法上の問題点及び留意事項」をとりまとめて公表し、2年前の ICPEN の会合での議論をトレースする形となった。

　このような実際に実務を担う担当者が率直に意見交換を行うことのできる場を通して、レベルや背景は異なるものの、本質的に同様の課題を抱えていることが少なくないことを実感する。このため、その課題を一歩先に克服した経験を有する参加機関からの情報提供と知見の共有は、消費者政策を前進させるうえで非常に有益であると考える。

　なお、各国の取組事例の導入に際しては、当該制度の優位性に目が奪われがちであるが、そうした制度をそのまま導入すれば効果が期待できるわけではない。当該国の社会制度全体における位置づけを十分に理解し、日本に取り入れる際には、様々な社会制度の中での位置づけと効果を検証することが不可欠であると考える。

2　法執行における国際連携

(1)　法執行におけるナレッジの共有と国際連携

　政策の企画立案に関する先駆的な取組み事例だけでなく、行政権限に基づく法執行、特に越境事案についての協力・連携事例の情報共有も、この ICPEN の会合を通して図られている。

　また、ICPEN は法的な取決め等に基づく枠組みではなく、参加国執行機関の緩やかな結びつきにより協力・連携の体制を構築するものであるが、参

第6章 消費者問題のグローバル化に対する国際連携

加国間の実務上の協力・連携を確実に促進するきっかけを提供する場となっている。

たとえば、各国のコンタクトポイントが明確になるだけでも、実務においては、非常に有益なことであり、かつ、担当者の顔が見える場合には、より円滑なコミュニケーションが可能となる。アメリカFTCにおいては、参加国の法執行当局からの協力・照会依頼の際のフォーマットを用意しており、より円滑な協力・連携を可能にするための実務上の工夫がなされている。これらは、連携のスピード、不適正な取引に対する法執行までに要する時間、つまりは被害の拡散をどれだけ防止できるかといったことに影響を及ぼすものであり、非常に重要な点である。

コンタクトポイントの明確化と関係機関同士における連携依頼のフォーマットを統一する等の取組みは、日本においても多重債務が社会問題化した際に、消費生活センターと弁護士会や簡易裁判所等との連携を図るためにとられた手法であり、大きな効果を発揮している。このような取組みは、文字にしてしまうと取るに足りない当然のように思えることであるが、実務的には非常に有益であることを証明しているといえよう。まして、言語的なハードルを抱える状況下においての協力・連携においては、決して軽視することはできない。

(2) 地域的な各国間連携体制の構築

ICPENの枠組みをきっかけにして、地域ごとの連携体制の構築も進められている。

EU圏やカナダ・アメリカといった地理的・政策的に連携の必要性が強い地域だけでなく、「スペイン語」という共通言語を軸とした括りで、スペインの取組みを南米に展開していく試みもなされており、そこではナレッジの共有に重点が置かれている。

他方、このような任意の枠組みによる協力・連携体制の構築だけでなく、各国間の合意に基づく法的な根拠を持つ協力・連携体制の構築も進められて

いる。

　日本においては、地理的・言語的な要因から周辺国との協力・連携は取組みが遅れている感が否めないが、IT化によって国境を越えた消費者取引が容易に可能となった今日喫緊の課題であると考える。

第5節　開発途上国の社会制度整備への支援

1　開発途上国へのガバナンス整備支援の重要性と日本の優位性

(1)　日本における開発途上国への法整備支援

　前節においては、すでに消費者保護行政を一定程度構築した国同士の連携等について見てきたが、その発展的視点として、開発途上国への知見の提供と制度整備への支援の現状等について概説しておきたい。

　日本の開発途上国への法制度の整備支援の一つに、独立行政法人国際協力機構（JICA）が実施する「法整備支援」事業がある。この事業は、開発途上国が行う法整備のための諸努力を支援することであり、具体的な法案起草や立法化のための支援のみならず、法の執行・運用のための諸制度整備（司法改革支援）や、これらに従事する法曹の人材育成を含めて支援がなされている[18]。同事業の協力対象国は、1990年代半ばに始まったベトナムへの支援を皮切りに、その後、カンボジア、ラオスにおける協力が本格化し、モンゴル、インドネシア、ウズベキスタンなど、アジア諸国を中心に広がっている。

　日本による法整備支援は「市場経済化の促進」や「法の支配の徹底」等、援助対象国の経済発展を支える法制度整備のためのガバナンス支援として行われている。このため、「民主化の促進」や「基本的人権の尊重」など援助

---

(18)　独立行政法人国際協力機構研究報告書「JICAにおけるガバナンス支援――民主的な制度づくり、行政機能の向上――法整備支援」(2004年11月) の定義を参照。「Legal Cooperation」のみならず、「Judicial Cooperation」や「Legislative Cooperation」も含む広い概念として捉えられている。

第6章　消費者問題のグローバル化に対する国際連携

対象国の民主的な発展を直接的な目標とするものではないとされている[19]。

しかしながら、実質的な効果としてみると、各種法律の整備による「公正な取引」や「取引の安全」「適正な司法判断」の確保を通じて、このような点についても、間接的ではあるが大きな影響を及ぼしていると考える。

(2) 日本の法整備支援の特徴

日本の法整備支援の特徴として、援助対象国の専門家や実施機関のスタッフと日本の専門家が協力して共同で問題の所在を研究し、その改善を図っていく手法が挙げられる。他の国際支援機関や支援国（ドナー）等が、自身の司法制度や法律を模範として提示し、それを援助対象国に学ばせる傾向があるのとは対照的であるといえる。

また、日本が有している法体系とその構築過程も特徴的であり、日本の優位性の一つであろう。すなわち、日本においては、明治維新の近代化および第二次世界大戦後の民主化の各過程において、ドイツ・フランス法を中心とした大陸法を基礎としながら、英米法によって修正されたいわゆる「混合法体系」を有している。このことは、二つの法体系の内容を理解し、両者の融合・折衷のプロセスによって、法整備を進め、法体制の構築に成功した成果であるといえる。

これまでの日本の法整備の経験における一つの特質は、他の先進諸国と比較して優位性が認められる点である。このため、アジア諸国への近代法の橋渡し役としての役割が期待され、また、それを担い得る条件を有していると考える[20]。

法整備支援と経済発展との関係は必ずしも自明なものとはいえないが、特に世界銀行などの国際金融機関においては、法制度を経済発展の前提として捉えており、その相関関係についての調査研究も盛んに行われている。

---

(19)　国際協力機構研究報告書・前掲注(18)。
(20)　法整備支援における日本の比較優位性については、国際協力事業団・国際協力総合研究所「法制度整備支援に関する基礎研究」(2008年9月) に詳述されている。

2 法整備支援から行政機構整備支援へ

　法整備支援といった場合には、具体的な法案起草や立法化促進にとどまらず、法の執行・運用のための支援を包含することは前述したとおりである。
　日本の優位性を活かした支援を通じ、援助対象国が立法まで達成したとしても、その法を円滑に施行に移さなくては、援助対象国においてその法が目的としたことを達成することはできず、法は画餅となってしまう。
　立法時には、当然当該援助対象国の行政システムを踏まえて立案されるが、立法過程では想定できなかったことが発生するのが法運用の常である。立法時の論理構成と整合性をとりつつ、実際に機能させていく必要がある。法の理念や目的と運用が思想的に分断されてしまうと、法の円滑な施行に混乱を生じさせてしまいかねないからである。それらの混乱を防ぎ、法目的を円滑に実現するためには、立法時の思想と実際の運用時の問題をともに理解し、そのノウハウを提供できる者が法の施行段階での支援に関与することが不可欠である。
　立法過程における支援の段階でもリソースとしての人材不足が課題として挙げられているが、その解消が急務であろう。

3 消費者行政分野における法整備・行政機構整備への支援

　法整備・行政機構整備支援における日本の役割については前述したとおりであるが、以下では、消費者行政分野における開発途上国への法整備・行政機構整備支援の取組みとして、ベトナムの例を参考に検討してみたい。
　日本による法整備支援が最も進む国の一つがベトナムであり、同国の消費者保護関連法も日本の支援のもとで立法化され、2010年7月に施行された。
　同国の消費者保護法の内容は、消費者保護の理念・目的から、製造物責任等の民事的ルール、消費者保護団体の権限、個人情報の保護まで網羅され、日本および先進諸国と比較しても遜色ないものとなっている。

第6章　消費者問題のグローバル化に対する国際連携

　同国は、現在この消費者保護法をいかに内実を伴った施行に結び付けていくかという課題を抱えている[21]。具体的には、中央政府レベルから地方自治体への展開を図るための施行規則や通達等の細則の規定、事業者への周知・徹底や消費者への教育・啓蒙といった活動に加え、それを支える財政的基盤の整備に向けた中央政府における予算の折衝など、いずれも短時日では解決が難しいものの、法の円滑な施行には不可欠な要素ばかりである。

　日本の消費者行政の草創期においても同様の課題を抱えていた。その当時の経験を通じて得た知見を提供することは、同国の円滑な法施行にとって有益であり、立法から施行まで継続的に支援を実施していく必要性と意義があると強く感じる。

　経済発展の過程において、消費者保護規制がともすると阻害的要素として評価されかねないことは、日本のみならず先進諸国の消費者保護行政整備の歴史が顕著に示している。

　しかし、消費者の安全・安心の確保は、ルールを遵守する事業者が公正に競争できる社会を確保することでもあり、正当な事業活動による利益の確保と同義といえる。消費者と正当な活動を行う事業者の関係は対立するものではなく、Win-Win の循環的なものであると考える。

　加えて、特に政治システムの民主化という観点からも、「消費者行政」の分野は、「国民の安全・安心」について国が責任を持つという性質と「国民（消費者）の声」を行政に反映させるという性質を併せ持っている。前者の性質は政治的意思決定プロセスが民主的でない場合においても融和しやすい事柄であり、後者は、民主的な政策決定のプロセスの一例といえる。「行政（国）が消費者（国民）の声を聞き、行政の取組みに反映していく」という発想や仕組みは、民主化へのソフトランディングにあたってヒントとなるので

---

(21)　筆者は、JICA の実施する「消費者保護行政強化プロジェクト」において、2011年から2013年にかけて、4回、短期専門家として、現地ベトナムにおける活動に参加した。

はないかと思慮する。この二つの性質を併せ持つ消費者保護行政を成功させることは、グッドプラクティスやリーディングケースとして他の分野においても示唆に富むものになり得るのではないかと感じる。

なお、事業活動がグローバル化する今日、日本の優位性を活用して開発途上国等の社会制度のハーモニゼションを図ることは、事業の海外進出に際しての制度的リスクを軽減し、事業活動を当該国の制度に適合させるうえでのアドバンテージにもつながる。このように事業活動の観点からも有益な点があることを踏まえると、経済的な側面からも、消費者保護行政分野における開発途上国のガバナンス整備への支援は極めて重要であろう。

第6節　結び

各視点に沿って、「消費者問題のグローバル化」という問題に対する取組みを紹介し、課題や問題点について検討してきた。各問題において共通する課題が人材の確保であろう。特に、消費者行政の分野において、国際的な動向を把握し、それを的確に分析した上で政策につなげていくことのできる人材の確保と育成が急務であると考える。

もちろん、政府によらずに、消費者団体やNGOの活動などを通して、グローバル化する消費者問題の課題に対応していくことも不可能ではないが、やはり政策の支柱としての方向性の提示や各国との調整といったことは、政府でなければ対応ができない。政府に、そのようなことに対応する人材が不足する場合には、グローバル化していく消費者問題に的確に対応できず、世界の潮流から取り残されてしまうことになりかねない。

日本には、これまで、純然たる行政府として消費者問題に取り組む省庁はなかったが、2009年に消費者のための行政機関である消費者庁が創設された。消費者庁には、これまでの産業分野の育成を担う行政機関と同様に、消費者問題全体を消費者目線で捉え、政策の立案や、国内だけでなく国際的にも戦

121

第6章　消費者問題のグローバル化に対する国際連携

略ある交渉を担っていくことが期待されている。そのためには、国民生活の安全・安心を直接的に確保することができる魅力ある業務を担う機関として、固有の人材を確保し、専門性を高める育成をしていくことが、複雑化・多様化、またグローバル化する消費者問題から国民生活の安定を守る一番の近道ではないかと思う次第である。

第 7 章
韓国経済法と消費者

第1節　はじめに

　韓国独占禁止法（正式名称は、「独占規制及び公正取引に関する法律」）を運用する同国公正取引委員会は、同法のほか、消費者関連の法律および大企業・中小企業間の取引公正化に関連するいくつかの法律をも所管し、その所掌範囲は、我が国公正取引委員会のそれよりもはるかに広い。
　これらのうち消費者関連の法律とは、表示広告公正化法（正式名称は、「表示及び広告の公正化に関する法律」）、約款規制法、訪問販売法、割賦取引法等であり、2008年2月の消費者基本法改正により、韓国公正取引委員会は、消費者行政を一元的に担当する行政機関に位置づけられている。
　本稿では、以上の法律のうち独占禁止法および表示広告公正化法を取り上げ、「韓国経済法と消費者」と題して、消費者に関連していかなる制度設計がなされ、いかに運用されているかについてみていくこととする。
　ここで独占禁止法のほかに表示広告公正化法を取り上げるのは、同法の表示広告規制が我が国景品表示法（正式名称は、「不当景品類及び不当表示防止法」）の表示規制に対応しており、我が国において景品表示法は2009（平成21）年のいわゆる消費者庁設置関連3法の成立まで独占禁止法（正式名称は、「私的独占の禁止及び公正取引の確保に関する法律」）の特別法としての地位にあり、経済法体系における日韓比較になじみやすいためである。

第2節　市場支配的地位濫用行為としての消費者利益阻害

1　市場支配的地位濫用行為

(1)　規制制度の概要
　韓国独占禁止法は、第1章（総則）に次ぐ第2章において、市場支配的地

第2節　市場支配的地位濫用行為としての消費者利益阻害

位の濫用禁止について規定する。

　同法にいう市場支配的事業者とは、一定の取引分野において、単独でまたは他の事業者とともに、商品または役務の価格、数量、品質、その他の取引条件を決定し、維持しまたは変更することができる市場地位を有する事業者をいい、これに当たるか否かを判断するにあたっては、市場占有率、参入障壁の有無およびその程度、競争事業者の相対的規模等を総合的に考慮するとされる（2条7号）。

　また、同法は、市場支配的事業者の推定規定を置き、これによれば、①市場占有率50％以上の事業者、または②市場占有率上位3社合計75％以上に該当する事業者（ただし、10％未満の事業者を除く）がこれに当たると推定される（4条）。

　ここにいう市場支配的事業者は、次の濫用行為をしてはならない（同法3条の2第1項各号）。

① 価格の不当な決定、維持または変更（1号）
② 供給量の不当な調節（2号）
③ 他の事業者の事業活動に対する不当な妨害（3号）
④ 競争事業者の新規参入の不当な妨害（4号）
⑤ 競争事業者の不当な排除のための取引または消費者利益の顕著な阻害（5号）

(2)　日本法との比較

　このような市場支配的地位の濫用禁止は、我が国独占禁止法の私的独占の禁止に相当する。我が国の規制がその行為類型につき単に他の事業者の事業活動の支配または排除と規定するのみであるのに対し（同法2条5項）、韓国の規制は、上記のように具体的である。

　市場支配的地位濫用行為は、単なる濫用行為をいうのではなく、明文の規定はないものの、独寡占市場における競争の促進という立法目的に照らし、客観的に競争制限効果が生ずるおそれのあることが違法要件となる[1]。

2　消費者利益の阻害

(1)　規制の方式

　韓国独占禁止法は、濫用行為の類型ないし基準を施行令に定め（令5条）、さらに、より詳細な内容を告示（市場支配的地位濫用行為審査基準告示）によって定めている。

　しかし、濫用行為（同法3条の2第1項1号～5号）のうち消費者利益の阻害（5号後段）についてのみ、施行令・告示ともに、その内容が定められていない。これは、消費者利益の阻害については、その内容が多種多様であり、一律に定めることができないためであろうと考えられる。

(2)　消費者利益阻害に関する学説

　一方、学説は、消費者利益阻害の事例として、次のようなものを挙げている[2]。

① 不特定多数を対象とする消費者取引約款につき、その内容を消費者に著しく不利なものにして商品を販売し、または正当な理由なく約款上の事業者の義務を履行しない行為

② 商品の瑕疵により消費者利益を阻害し、または阻害するおそれのある行為

③ 消費者が自救策として行う組織的保護活動を直接または間接に妨害する行為

④ 取引条件等を自己に一方的に有利に設定することにより消費者利益を侵害し、または健全な消費者保護運動を妨害する行為

⑤ 勧奨消費者販売価格を実際の販売価格より高く表示する行為

---

(1)　ポスコ事件大法院判決（2007年11月22日宣告2002ツ8626）。
(2)　①、②、③の事例については、李南基『新公正去来法〔新訂版〕』（学研社、1993年）151面。④の事例については、権五乗『経済法〔第4版〕』（法文社、2003年）169面。⑤、⑥、⑦、⑧の事例については申鉉允『経済法〔第5全訂版〕』（法文社、2012年）159面。

⑥　取引条件を消費者に著しく不利な内容として消費者と取引する行為
⑦　原価節減を名目に消費者の安全を害するおそれがある欠陥商品を製造販売する行為

なお、消費者利益阻害を検討するにあたっては、①本法が濫用行為の類型につき限定列挙主義を採っているところ、施行令、告示ともこれについての事例を挙げていないこと、および②消費者保護は独占禁止法固有の使命ではなく、一方、本法上の消費者利益阻害は市場支配的事業者が行う価格機能の歪曲による消費者厚生の顕著な侵害をいうものであること、に留意すべきであるとの指摘もみられる(3)。

また、当該行為が「著しく」消費者利益を阻害するものであるか否かを判断するにあたっては、当該商品・役務の特性、行為が行われた期間・回数・時期、利益が侵害された消費者の範囲を考慮し、当該行為により変更された取引条件と類似市場の場合との比較、当該行為による価格上昇と費用変動の程度の比較などの方法により具体的・個別的に行うべきであるとされる(4)。

(3)　**実務における運用および判例**

実務においては、公正取引委員会は、これまで消費者利益阻害を他の濫用行為の補完的一般規定として位置づけてきたが、最近では価格濫用（独占禁止法3条の2第1項1号）および供給調節（同項2号）を補完する搾取的濫用行為の一類型として活用しているといわれている(5)。

判例では、大法院は、本規定につき、市場支配的地位濫用行為として消費者利益阻害を規制する趣旨は、単にその行為の相手方である個別消費者の利益を直接保護することにあるのではなく、独寡占市場における競争促進とともに、市場支配的事業者の過度な独占的利益の実現行為から競争市場で享受し得る消費者利益を保護することにあるから、その不当性は、当該行為の意

---

(3)　鄭浩烈『経済法〔第2版〕』（博英社年、2008）181面。
(4)　申・前掲注(2)159面。
(5)　柳珍熙「韓国独占禁止法における市場支配的地位濫用行為の不当性判断基準」科学研究費・東アジア経済法研究会報告（2012年9月29日、於函館）6頁。

図・目的が独占的利益の過度な実現にあるか否か、商品の特性、行為の性格、行為期間、市場の構造と特性などを考慮し、その行為が行われた当該市場で消費者利益阻害の効果が生じているか否かなどを具体的に考慮して判断すべきであると判示している[6]。

また、大法院は、消費者利益阻害の違法要件たるその程度の顕著性につき、当該商品・役務の特性、利益が阻害される消費者の範囲、類似市場における他の事業者の取引条件、取引条件等の変更による市場支配的事業者の費用変動の程度、当該商品・役務の価格等と経済的価値との差異などの諸事情を総合的に考慮し、具体的かつ個別的に判断すべきであるとしている[7]。

3　運用面における日韓両国それぞれの特徴

我が国独占禁止法における私的独占規制と韓国の市場支配的地位濫用規制を比較したとき、その違反主体および違反行為の内容において、基本的に異なるところはないにもかかわらず、その運用面においては、格段の差異が認められる。

すなわち、最近10カ年（2003年～2012年）における両国の違反事件処理件数は、我が国が5件[8]（うち1件は原処分取消し）であるのに対し、韓国は57件であり、うち独占禁止法3条の2第1項5号の消費者利益の阻害等が最も多くて30件を占めている[9]。

このような韓国の積極的運用は、市場支配的地位濫用規制に限らず、独占禁止法全体についていえることであり、逆に我が国の慎重すぎる運用が際立っている。

日韓両国は、一衣帯水の関係にあるといいながら、法の運用面において大

---

(6)　柳・前掲注(5) 7頁（大法院2010年5月27日宣告2009ドゥ1983判決）。
(7)　柳・前掲注(5) 7頁（大法院2012年2月11日宣告2008ドゥ16407判決）。
(8)　平成15年度以降の各年度公正取引委員会年次報告。
(9)　韓国公正去来委員会『2012年度統計年報』48面。なお、57件には、法的措置（告発、是正命令）をとった事件のほか、4件の警告事件を含む（47面）。

きな差異があることを認識しなければならない。

第3節　カルテルと消費者

1　カルテル規制のための制度と運用

(1)　カルテル規制の目的

　独占禁止法の目的は、競争を制限するカルテル等の行為を排除して、市場メカニズムを有効に機能させることにあり、同法は、これがひいては消費者利益の実現に適うものであるとの考え方に立脚している。

　したがって、カルテル規制の目的も、市場メカニズムの作動を害する行為の排除にあり、単に、カルテルによる高価格等から消費者を保護することにあるというものではない。しかしながら、たとえば価格カルテルであれば、これの規制が消費者利益に直接資するのも事実である。本節では、この点を踏まえて検討していくこととする。

(2)　規制制度の概要

　カルテルは、韓国独占禁止法上、不当な共同行為といい、19条1項の規定により禁止される。同項は、価格、取引条件、供給制限、市場分割、設備制限、商品・役務の種類・規格制限、会社設立、入札談合の各カルテル、およびその他一定の取引分野における競争を実質的に制限するカルテルを1号から9号までに列挙し、これらを禁止する。したがって、韓国独占禁止法19条1項は、我が国独占禁止法2条6項および3条後段の規定に相当する。もっとも、日本法は、定義規定と禁止規定とが分かれており、一方、韓国法は、禁止される行為類型につき列挙主義を採っているが、両国間でカルテル規制の内容に相違はない。

　カルテルの当事者を水平的競争関係にある事業者に限るか、または欧米および中国のように垂直的取引関係にある事業者をも含めるかについては、立法政策としては垂直的共同行為をも含めるべきとの見解が示されたことがあ

るものの、実定法の解釈としては、水平的競争関係にある事業者に限られる[10]。この点においても日韓両国間に相違はない。

また、違反の成立時期をカルテルの合意時点とする点についても、日韓両国間に相違はなく[11]、カルテルの相互拘束性につき、実態に即して柔軟に解する点も、日韓両国同様であるといってよい[12]。

カルテルは、事業者間の共同行為として行われるほか、事業者団体の行為としても行われ得る。

このため、韓国独占禁止法は、事業者団体の禁止行為の一つとして、不当な共同行為（19条1項）に該当する行為により不当に競争を制限する場合を挙げており（26条1項1号）、これは、我が国独占禁止法8条1号の規定に相当する。

(3) カルテル規制における日韓比較

日韓両国のカルテル規制について、筆者がかつて1995年から2004年までの10ヵ年を対象に行った調査によれば、次の点を指摘することができ[13]、ここでの指摘は、現時点においても妥当する[14]。

① 違反事件処理件数については、韓国は我が国よりも極めて多い。これは、韓国が違反事件の処理にかなり積極的であることを示すものであると考えられる[15]。

② カルテルの行為類型については、我が国では、価格カルテル、入札談

---

(10) 議論の詳細については、イホヨン「韓国公正取引法における垂直的共同行為と単独行為の規制体系の改編」新世代法政策学研究 Vol. 13（2011年）94頁以下参照。
(11) 我が国については、石油価格カルテル刑事事件（最高裁昭和59年2月24日判決・刑集38巻4号1287頁）。韓国については、かつてこの点が議論となったため、1992年法改正により、19条1項の規定に明記された。
(12) 我が国については、たとえば東芝ケミカル事件（東京高裁平成7年9月25日差戻審判決・判タ906号136頁）。韓国については、鄭浩烈『経済法〔第2版〕』（博英社、2008年）310面。
(13) 拙稿「日韓両国の文化的特性の相異と経済法法制への影響」稗貫俊文編『競争法の東アジア共同市場』（日本評論社、2008年）107頁。
(14) 韓国については、韓国公正去来委員会『2012年度統計年報』61面〜64面。
我が国については、前記調査対象時以降の各年度の公正取引委員会年次報告・事件処理状況記載欄。

合事件がほとんどすべてであるのに対し、韓国では、これらの事件が圧倒的に多いものの、これら以外の事件も少なからず見受けられる。これは、いわゆる合理の原則により競争制限性を認定すべき事件についても、韓国では積極的にこれを行っていることを示すものと考えられる。

③　カルテルの行為主体については、我が国では、事業者間カルテル事件が圧倒的に多いのに対し、韓国では、事業者団体カルテル事件が多い。カルテルは、その実態上一般に事業者間カルテルおよび事業者団体カルテルのいずれでも構成し得る場合が多いものの、カルテルによる不当利得の実質的享受者は事業者であることを考慮すれば、我が国の処理方式は評価されて然るべきものと考えられる。

2　消費財カルテルおよび物価抑制策

(1)　消費財カルテルに対する規制

　消費財を対象としたカルテルに対しては、韓国公正取引委員会は、厳しくこれの規制を行ってきたといわれている。

　これまで経済不況が深刻化したときには、公正取引委員会は、一般消費者の支出と関係が深いかまたは低所得世帯の生活費に占める比率が高い品目の価格カルテルを対象に、これらを優先的に取り締まってきたとされており、その例として、LPG、焼酎、TV・エアーコンディショナーなどの家電製品、飲料水、チーズや牛乳などの乳製品、コーヒーミックスやコチュジャンなどの食料品等が挙げられる[16]。

---

(15)　前記調査は、韓国については分析可能な統計資料の関係上事業者間カルテルについてのみ行ったものであるが、事業者団体のカルテルをも含めれば、本文の指摘は妥当する（調査対象期間およびそれ以降の各年度韓国公正去来委員会『公正去来白書』参照）。
(16)　李湖暎（訳・李妍淑）「韓国競争法の課題：経済不況と競争政策」新世代法政策学研究 Vol. 17（2012年）329頁。

(2) 物価抑制策

一方、輸入原材料価格の急激な上昇によるインフレ時には、韓国政府は、物価を抑制するため、関係各部において、所管物資の価格監視を厳しく行ってきたが、公正取引委員会においても、内外価格差の大きい品目を対象に、価格カルテルの有無とは別に、関連情報を公開してきた。

このような情報の公開は、公正取引委員会によれば、消費者の合理的選択に資するためのものであるとしているが、対象企業にとっては、価格引上げへの圧力となったのも事実である。

このため、産業界のみならず、学界からも、このような方式は、実質的に価格統制と異なるところはなく、市場メカニズムを歪めるものであるとの批判が提起されてきた[17]。

第4節 不公正取引行為規制における消費者保護

1 不公正取引行為

(1) 不公正取引行為の内容

不公正取引行為とは、韓国独占禁止法23条1項各号のいずれかに該当し、公正な取引を阻害するおそれがある行為であり、我が国独占禁止法の不公正な取引方法に相当する。その具体的内容は、韓国独占禁止法施行令別表1の2に定められており、一般不公正取引行為と呼ばれ、日本法の一般指定に相当する。

一般不公正取引行為の内容は、日本法の一般指定とほぼ同様であるが、一部に財閥規制を念頭においた韓国特有の規定もある。

なお、再販売価格維持行為は、不公正取引行為を定義し禁止する23条1項とは別に、29条1項の規定により禁止される。ただし、韓国内で一般に不公

---

[17] 李・前掲注(16)330頁。

正取引行為というときは、通常再販売価格維持行為をも含むので、本稿においてもこれに倣うこととする。

(2) 運用面での特徴

韓国独占禁止法における違反事件処理件数は、我が国のそれよりもはるかに多いが、中でも不公正取引行為の件数は、全違反事件処理件数の70.2%を占めている（2003年から2012年までの10年間）[18]。

このような不公正取引行為事件の圧倒的多さの最大の原因は、韓国公正取引委員会における公正取引阻害性[19]（日本法の公正競争阻害性）の積極的認定にあるといってよい。

公正取引阻害性の積極的認定は、当該行為の市場への影響をさほど重視せずに公正取引阻害性を認めることとなり、外形的行為要件事実さえ満たせば比較的たやすく違反とされることとなる。その結果、不公正取引行為は、競争秩序に反する行為というよりは、私的紛争的性格を帯び、数多くの行為が規制の対象となる。このため、不公正取引行為規制は、韓国内では経済的弱者保護のためのものであるとして、大衆の支持を得てきたとされるが、一方で識者からは、競争法本来の運用のあり方からの批判も生じていた[20]。

(3) 不公正取引行為と消費者

いずれにせよ、このような特徴を有する韓国の不公正取引行為について、その類型は多岐にわたるが、本節では、不当な顧客誘引および再販売価格維持行為を取り上げることとする。

これらを取り上げる理由は、不当な顧客誘引は不当な競争手段として主として消費者を対象に行われその商品選択を歪曲するものであり、また、再販

---

(18) 韓国公正去来委員会『2012年度統計年報』26面。
(19) 韓国法では、「公正な取引を阻害するおそれ」の語を用いているが、これについての韓国内での解釈・運用および解釈の変遷並びに日本法の公正競争阻害性との関係、さらには日韓両国それぞれの運用面での特徴、両国の相違の根源等については、拙稿「韓国独占禁止法の内容とその運用」名経法学33号（2013年）23頁以下参照。
(20) 李箕鐘「韓国の公正取引制度の四半世紀の歴史と展望」東亜経済法学会第20回検討会（2004年12月19日・20日）台湾（高雄）報告書3頁〜31頁（日本文）。

133

売価格維持行為は一般に当該行為によりブランド内競争が消滅し直接的には消費者に高い商品の購入を強いることになりかねないからである。

2 不当な顧客誘引

(1) 行為の内容

不公正取引行為のうち不当な顧客誘引は、韓国独占禁止法23条1項3号前段に規定され、その具体的内容は、同法施行令別表1の2・4に定められている。

これらは、①不当な利益による顧客誘引、②偽計による顧客誘引および③その他の不当な顧客誘引であり、それぞれ我が国一般指定の9項、8項および14項の一部に対応する。

(2) 景品類提供に対する規制

不公正取引行為には、一般不公正取引行為とは別に、特定の分野または特定の行為に適用される特殊不公正取引行為と呼ばれるものがあり（独占禁止法23条2項）、現在不当な顧客誘引に関するものとして「景品類の提供に関する不公正取引行為の類型及び基準」が公正取引委員会により告示されている。

同告示は、事業者が商品・役務の取引に附随して懸賞の方法により一般消費者に提供する景品類について規制しており、我が国景品表示法における景品規制に対応する。

(3) 運用状況

不公正取引行為違反事件に占める不当な顧客誘引事件の比率は、極めて高く、最近10ヵ年（2003年～2012年）では、51.5％を占めている[21]。

不当な顧客誘引事件のこのような比率の高さは、前述の大衆からの支持の要因となるものであり、法運用についての前記の批判はあるものの、消費者

---

(21) 『2012年統計年報』・前掲注(18) 28面。

保護の立場からは、肯定的にみてよいように思われる。

3 再販売価格維持行為

(1) 規制の方式

再販売価格維持行為は、日本法では不公正な取引方法の一部として規制されるのに対し、韓国法では、不公正取引行為とは別に、独占禁止法29条1項の規定により禁止される。その理由は、韓国法では、不公正取引行為が公正取引阻害性を違法要件とするのに対し、再販売価格維持行為はこれを違法要件とせず直ちに違法とするためである。

ただし、再販売価格維持行為であっても最高価格を維持するものであって正当な理由があるものについては、禁止されない（同法29条1項ただし書）。ここにいう正当な理由とは、サービス、品質による競争およびブランド間競争による競争促進効果並びに零細小売業者の倒産防止効果が、再販が本来有する競争制限効果に勝る場合をいう[22]。

(2) 運用状況

再販売価格維持行為は、日本法では、不公正な取引方法事件の中でかなりの比率を占めるが、韓国法ではその比率は極めて低く、最近10カ年（2003年～2012年）についてみれば、不公正取引行為事件のうちわずか1.6％を占めるにすぎない[23]。

これは、韓国においては前述のように原則として公正取引阻害性があるとはいえない行為類型にも積極的にこれを認定する結果、原則違法となる再販売価格維持行為の事件比率が低下することが影響しているものと思われる。

(3) 適用除外

再販売価格維持行為については、我が国独占禁止法と同様、適用除外があり、韓国独占禁止法の施行令に定める著作物および公正取引委員会の指定商

---

(22) 権・前掲注(2)39面。
(23) 『2012年統計年報』・前掲注(18)28面。

第7章　韓国経済法と消費者

品については、禁止の対象とならない（同法29条2項）。指定商品の指定要件は、我が国独占禁止法23条と同様である。

　公正取引委員会による適用除外の指定は、これまで、1981年に基礎化粧品14類型、1983年に医薬品13品目について行われたが、1984年12月にこれらすべてが取り消され、その後新たな指定はなく今日に至っている[24]。

　公正取引委員会は、指定商品について、消費者利益を著しく阻害するおそれがあるときは、再販売価格維持契約の修正を命ずることができるとされているが（同法30条）、現在、指定商品はないので、本規定の実益はない。

第5節　表示広告行政と消費者保護

1　表示広告公正化法

(1) 不当な表示広告に対する規制

　韓国において、表示広告行政は、表示広告公正化法を中心に行われている。

　同法は、独占禁止法における不当な表示・広告規制が事後規制にとどまり[25]、他の表示広告関連法制における制度も不十分である[26]との問題点を解決するため、1999年2月に制定された。同法施行前の不当な表示・広告は、独占禁止法における不公正取引行為の一類型として規制されていた。また、表示広告公正化法は、韓国消費者基本法が国に対して表示・広告により消費者の物品・役務の選択が歪められることのないよう（10条）、さらに消費者の生命、身体、財産に危害が及ぶことのないよう（11条）所要の措置を求めているところ、このための法律として位置づけられている[27]。

---

(24)　申・前掲注(2)355面。
(25)　権五乗『消費者保護法〔第5版〕』（法文社、2005年）131面。権・前掲注(2)367面・368面。申・前掲注(2)466面。
(26)　申・前掲注(2)466面。
(27)　鄭・前掲注(3)501面・502面。

(2) 不当な表示広告の内容

表示広告公正化法は、事業者等が不当な表示・広告を行うことを禁止している（3条1項）。ここにいう不当な表示・広告とは、①虚偽・誇張（同項1号）、②欺瞞的（同項2号）、③不当な比較（同項3号）および④誹謗（同項4号）の各表示・広告である。また、事業者等の「等」とは、事業者団体を指すので（2条1号）、上記不当な表示・広告は、事業者のほか、事業者団体が行う場合も禁止される。

(3) 韓国法の特徴

表示広告公正化法は、単に不当な表示・広告を規制するにとどまらず、我が国景品表示法にはない重要情報告示制度および統合公告制度なるものをおき、消費者に対する積極的かつ効率的な情報提供を行っている。

これらの制度は、次のとおりである。

2　重要情報告示制度

(1) 制度の内容

重要情報告示制度とは、事業者等が表示・広告する場合に、これに含めるべき一定の重要事項について、公正取引委員会が告示する制度である（表示広告公正化法4条1項）。

ここにいう一定の重要事項とは、次のいずれかの場合をいう（同項各号）。
① 表示・広告をしないことにより、消費者被害がしばしば発生している事項
② 表示・広告をしない場合には
　ⓐ 消費者が商品・役務の重大な欠陥または機能上の限界等を正確に知ることができず、これにより消費者の購買選択に決定的な影響を与えることとなるとき
　ⓑ 消費者の生命、身体または財産に危害を及ぼす可能性があるとき
　ⓒ その他消費者の合理的な選択を著しく損なう可能性があり、または

公正な取引秩序を著しく阻害するとき

(2) 制度の意義と運用

本制度の意義は、事業者・消費者間の情報の不均衡ないし非対称性から生ずる市場の失敗を治癒し、事業者間の公正な競争を促進することにより市場メカニズムを作動させ、消費者に重要な情報を提供することを通じて消費者の合理的選択を可能とする点にあり、また、これは、表示上の欠陥による事業者の責任を一部免除させることに資するものである[28]。

重要情報告示は、分野別と業種別から成っており、現在、4分野、10業種について告示がなされている。

3 統合公告制度

(1) 制度の内容

統合公告制度とは、公正取引委員会が重要情報を告示するにあたり、消費者、事業者等利害関係人に総合的な情報を提供するため、他の法令において表示・広告するようにされている事項および表示・広告が制限されまたは禁止されている事項を統合して公告するものである（表示広告公正化法4条3項）。

(2) 制度の趣旨と運用

本制度の趣旨は、前述の重要情報告示制度においては、他の法令において表示・広告することとされている事項について同制度の対象から除外されているため（表示広告公正化法4条1項ただし書）、消費者がある事項に関する表示・広告内容を一度に知ることができず、これを改善することにあった[29]。2005年の表示広告公正化法改正による本制度導入当時、表示・広告に関する法律は、同法のほか、食品関係、農産物関係をはじめとして、計57

---

(28) 申・前掲注(2)474面。
(29) 表示広告公正化法改正に関する2005年12月30日付韓国公正去来委員会公表資料2面。
(30) 重要情報告示等に関する2005年11月30日付韓国公正去来委員会公表資料8面。

も存在していた[30]。

統合公告は、一般的事項および分野別統合情報から成っており、その分量は、100頁以上の小冊子になるほどのものである。

第6節　事件処理手続における消費者被害救済

1　事件処理手続

韓国独占禁止法において違反被疑行為があるときは、公正取引委員会は、これについての調査を開始することとなる。

この違反被疑行為についての調査は、担当部署における事前審査、法に基づく強制権限を行使しての調査、委員会における審議という一連の手続により行われる（独占禁止法第10章、公正取引委員会会議運営及び事件処理手続等に関する規則（以下、「手続規則」という）第3章）。

審議の結果、違反が認定されれば、告発、是正命令、課徴金納付命令、是正勧告または警告等の措置がとられ、これらのうち是正命令または課徴金納付命令に対して不服があれば、公正取引委員会に対して異議申立てを行うか、またはソウル高等裁判所に対して訴えを提起することとなる。

また、表示広告公正化法違反被疑事件についても、これと同様の手続により、事件処理が行われる（表示広告公正化法16条、手続規則1条・10条）。

本節では、上記事件処理手続の中で、消費者ないし消費者被害に着目した制度について取り上げ、以下これについて論ずることとする。

2　独占禁止法における同意議決制

(1)　制度の内容と趣旨

同意議決制とは、公正取引委員会の調査または審議の対象となった事業者が、その対象となった行為（カルテルおよび告発相当事件を除く）により生じた競争制限状態等を自発的に解消し消費者被害の救済等を行うため是正方案

を申し出た場合に、同委員会が当該審議手続を中断し、その是正方案と同趣旨の議決を行う制度である（独占禁止法51条の2）。

本制度は、急速に変化しつつある市場環境に迅速に対応し、消費者および関連事業者の被害救済並びに競争秩序の回復を迅速かつ実質的に図ることを目的に[31]、2011年独占禁止法改正により導入された。

同意議決の申請人は、これを申請するにあたっては、消費者、他の事業者等の被害を救済しまたは予防するために必要な是正方案その他の事項を示して行わなければならない（独占禁止法51条の2第2項3号）。また、公正取引委員会は、同意議決を行うにあたっては、当該是正方案が消費者、他の事業者等を保護するために適切なものであるか否かやその他の事項について判断し（同条3項）、さらに、利害関係人に意見提出の機会を与え、検察総長と協議したうえで、これを行わなければならない（同法51条の3）。

同意議決の申請人がこれを履行しない場合等には、同意議決は、取り消され（同法51条の4）、申請人に対して履行強制金が課され得る（同法51条の5）。

同意議決は、当該行為の違反を認定するものではなく、何人も同意議決がなされたことをもって違反の存在を主張することはできない（同法52条の2第4項）。

本制度は、違反の有無が不明確な事案、違反の立証が困難な事案に多く採用され、具体的には、経済環境の変化の激しいIT産業等における市場支配的地位濫用事件、企業結合事案において効果的であるとの指摘がある[32]。

また、韓国公正取引委員会では、本制度を消費者被害が大きい分野を中心に適用する等消費者被害の救済手段として積極的に活用していくとしている[33]。

---

(31) 韓国法制処「2011年12月2日付独占禁止法改正に関する公表文書」改正理由。
(32) キムユンス「公正取引法上の同意議決制の導入及び今後の運用方向」競争ジャーナル160号（2012年）12面。
(33) 韓国公正去来委員会「消費者被害救済、競争秩序回復等のための同意議決制施行（同意議決制度運用及び手続等に関する規則制定関係資料）」（2010年4月2日）3面。

本制度が施行されたのは、2011年12月であり、運用開始から日も浅く、今後いかなる運用がなされていくか定かでない部分も少なくない。しかし、いずれにせよ、同意議決制は、市場環境の急速な変化並びにそこにおける違反の存否の確定および立証困難事案の増加という独占禁止法執行機関が直面する課題に、機動的に対応するものであるということができよう。

(2) 同意議決制と消費者

　独占禁止法51条の3第6項の規定に基づき、同意議決制運用の細部事項を定めるため、同意議決制度運用及び手続等に関する規則（以下、「同意議決制規則」という）が制定されている。

　これによれば、同意議決の申請人は、必要事項を記載した書面により申請しなければならず（同意議決制規則4条1項）、消費者被害救済に関連する必要記載事項として、「金銭的被害が発生し被害者及び被害額が特定し得る場合には、被害者の範囲の画定及び被害額算定の方法並びに手続、被害補償に要する費用の額及び被害補償の期間等」が挙げられている（同条3項3号）。

　また、公正取引委員会は、同意議決手続を開始するか否かを判断するにあたり、消費者保護をはじめとする諸般の事項を考慮しなければならず、この場合において、消費者保護関連分野等各界の専門家で構成される諮問会議の意見を求めることができるとされている（同意議決制規則5条2項）。

3　表示広告公正化法における消費者被害事件

　表示広告公正化法における事件処理手続は、独占禁止法の規定を準用して行われることとなっており（表示広告公正化法16条）、調査の結果、違反行為が認められれば、行為の中止等を内容とする是正措置が命じられ（同法7条）、また課徴金も賦課され得る（同法9条）。

　事件処理の具体的手続は、独占禁止法の場合と同様、手続規則に定められているが、ここには、表示広告公正化法事件が消費者被害に直結しやすいことに留意し、独占禁止法にはない特別の規定がおかれている。

第7章　韓国経済法と消費者

　すなわち、①表示広告公正化法に関する消費者の申告が個別の被害救済を目的としているとき、②事業者が公正取引委員会の基準に基づく消費者不満自律管理プログラムを導入し運用しているとき、および③消費者が事業者との自律処理を受諾するときには、公正取引委員会は、当該事件を事業者に自律的に処理させることができることとされている（ただし、多数の被害者がいる事件等一定の場合を除く）（手続規則11条の5）。
　このような制度は、我が国景品表示法および独占禁止法にはないものであり、ここに事案に機動的かつ柔軟に対応する韓国の特徴をみることができる。
　また、2013年7月、多様な分野において持続的に発生する不当な表示広告事件に効率的に対応するため[34]、表示広告公正化法が改正され、韓国消費者院と公正取引委員会が合同で事件調査をし得ることとされた（同法16条の2第1項）。

〔補遺〕
　2013年12月31日、同意議決制導入を内容とする表示広告公正化法改正案が国会本会議を通過し、同制度は、独占禁止法のみならず、表示広告公正化法においても導入されることとなった（ただし、刑事告発相当の重大かつ明白な違反行為を除く）。
　本制度の適用を受けるためには、事業者は、公正取引委員会に対して、消費者被害の補償、広告内容の修正等について申し出ることとされている。
　表示広告公正化法違反に対しては、公正取引委員会は、是正措置を命ずることとなるが（同法7条1項）、その内容は、当該違反行為の中止、命令を受けた事実の公表、訂正広告、およびその他違反行為是正のために必要な措置に限られ、消費者被害の補償は含まれていない（同項各号）。
　このため、今回導入される同意議決制により、消費者は、損害賠償請求訴訟を提起することなく、被害の補償を受けることができることとなる。
　特に、不当な表示広告事件は、不特定多数の消費者を対象としていることに鑑みれば、本制度導入の効果は極めて大きく、韓国公正取引委員会もこ

---

(34)　韓国公正去来委員会「不当な表示・広告被害者は、いつでも事業者の無過失責任の主張が可能に――表示広告法改正案国会本会議通過――」（2013年7月9日）2面。

の点に期待している（韓国公正去来委員会「不当な表示広告による被害、迅速に救済されるように――同意議決制導入のための表示広告法改正案、国会本会議通過――」(2013年12月31日) 1面・2面)。

第7節　損害賠償制度と消費者保護

1　独占禁止法における損害賠償制度

　韓国独占禁止法において違反行為により被害を受けた者があるときは、同法は、これを行った事業者または事業者団体に対して、損害賠償を義務づけている（56条）。

　現行損害賠償制度は、2004年法改正により導入されたものであり、それ以前の制度においては、我が国独占禁止法と同様、無過失損害賠償責任および確定是正命令前置主義を採っていた（旧56条・57条）。

　ところが、この制度の下においては、訴訟件数は極めて少なく、同制度に期待される市場の自律監視機能が十分に果されているとはいえないとの批判が提起されていた[35]。

　このため、上記2004年法改正において、消費者をはじめとして法違反による被害者の訴訟提起を容易にするため、確定是正命令前置主義を廃止し（旧57条削除）、新たに裁判所による損害額の認定制度を設けることとしたものである（新57条新設）。その一方で、無過失損害賠償責任を改め、事業者または事業者団体が故意または過失がなかったことを証明した場合には、賠償責任を免れることとされた（56条1項ただし書新設、旧2項削除）。

　現行制度は、民法上の不法行為責任と同様に、①行為の違法性、②故意または過失、③損害の発生、および④法違反行為と損害発生との因果関係の存在の立証を必要としているが、独占禁止法違反事件の特殊性を考慮し、被害

---

(35)　韓国公正去来委員会「改正公正取引法、いかなる法律か」(2004年12月) 13面。

者の立証責任が民法上の不法行為責任の場合よりもかなり軽減されている。具体的には、①故意または過失の立証責任を法違反事業者または事業者団体に転換し（56条）、②損害額の算定と関連して必要な事実の立証が当該事実の性質上困難であるときは、裁判所は弁論の全趣旨および証拠調の結果に基づき、相当の損害額を認定することができることとした（57条）点である[36]。

また、独占禁止法上の損害賠償請求訴訟が提起された場合には、裁判所は、必要があるときは、公正取引委員会に対して、事件記録の送付を求めることができることとされている（56条の2）。

上記法改正により確定是正命令前置主義が廃止され損害額認定制度が導入された後は、損害賠償請求訴訟は、漸次増加している[37]。

我が国独占禁止法における損害賠償制度は、ほとんど機能せず今日に至っているが、韓国には、制度に問題があれば、法改正をも含めて機動的にこれに対応するという風土があり、本制度の2004年法改正からも、この点を知ることができる。

一方、損害賠償制度と関連し、今後の課題としては、集団訴訟制度の導入など私的救済の活性化についての検討が必要であるとの指摘がみられる[38]。

2 表示広告公正化法における損害賠償制度

表示広告公正化法における損害賠償制度（10条1項）は、かつては2004年改正前の独占禁止法と同様、無過失損害賠償責任（同条2項）および確定是正命令前置主義（11条1項）を採っていた。

このため、本法上の損害賠償制度を独占禁止法2004年改正後の制度に合わせるべく、2013年7月、表示広告公正化法が改正され、確定是正命令前置主

---

(36) 申・前掲注(2)406面・408面。同旨、鄭・前掲注(3)485面。
(37) 権五乗（訳・中山武憲）「韓国独占規制及び公正取引関連法のエンフォースメント」公正取引722号（2010年）37頁。
(38) 権・前掲注(37)39頁。

義を廃止し、損害額の証明が困難な場合の認定制度が導入された（11条）[39]。

第8節　おわりに

　本稿では、韓国独占禁止法および表示広告公正化法について、これに対応する日本法と比較しながら、消費者に関連する制度およびこれらの運用をみてきた。
　ここで明らかとなった事実は、韓国においては、制度面および運用面の双方において、極めて機動的かつ積極的な対応がなされていることである。
　例を挙げれば、まず制度面においては、市場支配的事業者の濫用行為としての消費者利益阻害規定、表示広告行政における重要情報告示制度および統合公告制度、事件処理手続および損害賠償制度における消費者利益に配慮した諸制度等である。
　一方、運用面においては、カルテル規制、不公正取引行為規制等における消費者利益に資する積極的運用が挙げられる。
　このような韓国経済法における機動的かつ積極的対応は、ひとり消費者問題のみならず、経済法のあらゆる分野についていえることである。
　もっとも、経済法分野において、消費者利益にあまりに重きをおくこととなる運用は、経済法ないし競争法本来のあり方からみて、いかがなものかとの批判があるのも事実である。
　このような批判には、拝聴すべき点が少なからずあるものの、消費者利益を重視する態度自体は否定されるべきものではないと考えられる。
　我が国においても、このような韓国独占禁止法および表示広告公正化法から得るべき点が多々あるのも事実であり、真摯に検討すべきものと考える。

---

(39)　韓国公正去来委員会・前掲注(34) 1面・2面。

〔名古屋経済大学叢書第 6 巻〕
グローバル時代の消費者と政策

平成26年 3 月28日　第 1 刷発行
　　　　　　　　　　　　　　　　　定価　本体2,000円＋税

編　者　　田口　義明
発　行　　株式会社　民事法研究会
印　刷　　株式会社　太平印刷社

発行所　株式会社　民事法研究会
　〒150-0013　東京都渋谷区恵比寿3-7-16
　　〔営業〕TEL03(5798)7257　FAX03(5798)7258
　　〔編集〕TEL03(5798)7277　FAX03(5798)7278
　　　http://www.minjiho.com/　　info@minjiho.com

落丁・乱丁はおとりかえします。　ISBN978-4-89628-930-5　C3032　￥2000E
カバーデザイン：関野美香